Caroline Deiß

Mit Kindern die geheimnisvollen Rauhnächte erleben

Caroline Deiß

Mit Kindern die geheimnisvollen Rauhnächte erleben

Rituale, Rezepte, Bräuche
und märchenhafte Geschichten
für die ganze Familie

mvgverlag

Bibliografische Information der Deutschen Nationalbibliothek
Die Deutsche Nationalbibliothek verzeichnet diese Publikation in der Deutschen Nationalbibliografie. Detaillierte bibliografische Daten sind im Internet über https://dnb.de abrufbar.

Für Fragen und Anregungen
info@m-vg.de

Wichtiger Hinweis
Ausschließlich zum Zweck der besseren Lesbarkeit wurde auf eine genderspezifische Schreibweise sowie eine Mehrfachbezeichnung verzichtet. Alle personenbezogenen Bezeichnungen sind somit geschlechtsneutral zu verstehen.

Originalausgabe
1. Auflage 2024

Türkenstraße 89
80799 München
Tel.: 089 651285-0

Redaktion: Simone Fischer
Umschlaggestaltung: Manuela Amode
Umschlagabbildung: Adobe Stock: Kate K., nastyasklyarova, Cienpies Design
Layout: Pamela Machleidt
Satz: Andreas Linnemann
Druck: Florjancic Tisk d.o.o., Slowenien
Printed in the EU

ISBN Print 978-3-7474-0648-9
ISBN E-Book (PDF) 978-3-98922-057-7
ISBN E-Book (EPUB, Mobi) 978-3-98922-058-4

Inhalt

Kapitel 7

Vorwort

Liebe Leserinnen und Leser,

herzlich willkommen zu diesem spannenden Buch über die Rauhnächte, das speziell für die magische Zeit zwischen den Jahren für Eltern und Kinder geschaffen ist. Auf den kommenden Seiten möchte ich euch auf eine faszinierende Reise durch eine Zeit mitnehmen, die voller Geheimnisse, Traditionen, Orakel, Zauber und Magie steckt.

Diese magischen Nächte, auch Zwölftennächte genannt, erstrecken sich über die Zeit zwischen dem 24. Dezember, dem Heiligabend, und dem 6. Januar, dem Dreikönigstag. Es sind diese geheimnisvollen Tage und Nächte, in denen die alten Bräuche und Legenden lebendig werden und die Fantasie der Menschen beflügeln. Aber was macht diese Zeit so besonders? Und warum ist es wichtig, sie auch Kindern näherzubringen?

Zunächst einmal sind die Rauhnächte eine Zeit des Übergangs. Sie markieren das Ende eines Jahres und den Beginn eines neuen Kalenderjahres. In vielen Kulturen werden und wurden schon immer in diesen Nächten Rituale und Zeremonien durchgeführt, um das Alte zu verabschieden und das Neue willkommen zu heißen. Diese Übergangsriten haben eine tiefe symbolische Bedeutung und helfen Kindern wie Erwachsenen, das Lebensmuster von Veränderung und Wandel besser zu verstehen und vor allem zu spüren.

Darüber hinaus sind die Rauhnächte aber auch eine Zeit der Besinnung und Reflexion. Während draußen die Dunkelheit herrscht, bietet sich in der warmen Stube die Gelegenheit, zur Ruhe zu kommen und sich auf das Wesentliche zu besinnen, sich von neuen Ideen inspirieren zu lassen und zu reflektieren, was unsere Seele nährt. Dies spüren wir als eine wertvolle Erfahrung, die gerade in unserer hektischen und schnelllebigen Welt oft verloren geht. Indem wir Kindern die Möglichkeit geben, innezuhalten und den Geist dieser magischen Zaubernächte zu empfinden, fördern wir ihre Achtsamkeit und ihr Bewusstsein für die eigenen Wurzeln, die Urquelle der Lebenskraft und Geborgenheit.

Mit den Rauhnächten erleben die Kleinen eine magische Verbindung zur Natur und zu ihren natürlichen Rhythmen. In dieser Zeit des Jahres sind die Tage kurz und die Nächte lang, die Temperaturen oft klirrend kalt und die Natur in ihrem innersten Kern versunken. Dies bietet eine wunderbare Gelegenheit, um Kinder für die Schönheit und Vielfalt der Wildnis zu sensibilisieren und sie zu ermutigen, diese zu ehren und zu bewahren. Indem wir gemeinsam mit ihnen durch die winterliche Landschaft streifen, Tierspuren im Schnee entdecken und die klare, kalte Luft einatmen, können wir ihre Verbundenheit mit der Schöpfung stärken und ihr Bewusstsein für deren lebensfrohe und aufbauende Schwingungen schärfen.

Mit ihren Bräuchen und Traditionen sind die Rauhnächte eine Zeit der Freude und des Feierns. In vielen Kulturen werden in diesen Tagen fröhliche Feste gefeiert, bei denen man zusammenkommt, singt, tanzt, lacht und sich Geschichten, Legenden und Sagen erzählt. Dieses gemeinsame Erleben mit der Familie und Freunden schafft Verbundenheit sowie Gemeinschaftsgefühl und stärkt die zwischenmenschlichen Beziehungen – eine wichtige Erfahrung für Kinder.

Und dann sind da natürlich noch die Märchen, die untrennbar mit den Rauhnächten verbunden sind. Von wilden Jagden über geheimnisvolle Gestalten bis hin zu zauberhaften Begegnungen – die Rauhnächte bieten reichlich Stoff für faszinierende Erzählungen, die die Fantasie der Kinder beflügeln und ihre Neugier wecken. Indem wir ihnen diese alten Geschichten und Legenden weitergeben, vermitteln wir nicht nur unseren kostbaren Kulturschatz, sondern auch wichtige Werte und Lebensweisheiten, die auch heute noch unverändert Gültigkeit besitzen.

Die Reise durch die Wunderwelt der Rauhnächte ist auch eine magische Reise zu sich selbst. Kinder erfahren, wie kraftvoll, kostbar, hilfreich und heilsam es ist, mit der Natur und dem Universum verbunden zu sein. Sie entdecken in sich selbst übersinnliche Fähigkeiten, die sie weise durch das Leben führen. Der Zauber dieser heiligen Nächte wird sie unvergesslich berühren und ewig inspirieren. Sie erleben, dass alles in ihnen ist, was sie zum Leben brauchen: Mut, Stabilität, Selbstbewusstsein, Lebensfreude und die Kraft des kulturellen Erbes unserer Vorfahren.

All diese Geheimnisse möchte ich euch in diesem Buch näherbringen. Von spannenden Geschichten über kreative Bastelideen bis hin zu praktischen Tipps für Rituale und Bräuche – hier findet ihr alles, was ihr braucht, um die Rauhnächte gemeinsam mit euren Kindern zu einem unvergesslichen Erlebnis zu gestalten.

In diesem Sinne wünsche ich euch eine aufregende und besinnliche Zeit, viel Freude beim Lesen, Entdecken und Erleben!

Eure

Caroline Deiß

Kapitel 1

Ursprung und Bedeutung der magischen Rauhnächte

Seit Jahrtausenden helfen Mythen den Menschen, die Welt zu verstehen. Was sind die Sonne und der Mond? Woher kommen Blitz und Donner? Wer bringt den Schnee und die Fruchtbarkeit über das Land? Solche und ähnliche Fragen stellen sich die Menschen seit Jahrtausenden, und auch Kinder sind neugierig darauf, alles über ihre Welt zu erfahren. Sicher hat auch dein Kind bereits ganz viele Fragen an dich gestellt, weil es sich für alles interessiert, was um es herum passiert. In der mystischen Zeit der Rauhnächte geschehen besonders viele spannende Dinge, die ihr mit euren Kindern erkunden könnt, und dazu gehört es natürlich auch, den Kindern den Ursprung und die Bedeutung der magischen Rauhnächte zu vermitteln.

Wie eingangs erwähnt, lauten einige der großen Fragen, woher bestimmte Naturereignisse stammen und wer oder was hinter diesen Phänomenen steckt. Es sind Götter, die für alle Naturerscheinungen verantwortlich sein müssen, so lautete die Antwort unserer Ahnen. So, wie heute die Wissenschaften Erklärungsmodelle dafür sind, so waren damals die Mythen Abbildungen des Denkens, aus denen sich die Sagen, Legenden und Märchen entwickelten. Während die Naturwissenschaften sich erst ab dem Zeitalter der Aufklärung von dem Gedanken eines Schöpfers verabschiedeten und die Seele in allem Sein verneinten, bewahrten die Mythen beseelte Bilder über den Ursprung und die Geschehnisse in der Welt. Sie bereiteten uns den Weg der geistigen Erfahrung und Kontaktaufnahme mit allen Wesen der Natur – und das tun sie noch heute. Ob Naturgewalten, ob Baum, Pflanze, Tier, Wasserquelle oder Berg, alle diese Geschöpfe bergen das Geheimnis des Universums und des Lebens. Zusammen mit den Mythen schaffen sie einen faszinierenden Einblick in die Welt der Götter, die einst das Denken unseres Kulturkreises entscheidend mitbestimmt haben und auch jetzt noch in vielen Erscheinungsformen allgegenwärtig sind.

Kinder lieben Mythen und Bräuche, bieten sie doch eine reiche Quelle an Geschichten, Geheimnissen und Aktivitäten, die sie in ihren Bann ziehen und ihre Inspirationen beflügeln. Die Vorstellung, dass diese Nächte eine besonders magische Zeit sind, in der Wünsche und

Träume eine besondere Bedeutung haben, fesselt die Kleinen, sobald sie davon hören, und bringt einen unfassbaren Zauber in ihr Leben.

Lass uns nun eintauchen in die magische Zeit der Rauhnächte und in die Mythen, die diese besondere Zeit geprägt haben.

Der germanisch-keltische Ursprung der Rauhnächte

In der germanisch-keltischen Glaubenswelt spielten die Geister der Ahnen und Naturwesen, wie Elfen, Feen, Kobolde und so weiter, eine zentrale Rolle. Nach altem Glauben ziehen verstorbene Seelen so lange als Geister umher, bis sie ihre Aufgabe auf Erden erfüllt haben und nicht mehr an ungelösten Problemen festhalten. Gute Geister weisen auf die Existenz des Jenseits hin und unterstützen die rechtschaffenen Zeitgenossen bei der Erfüllung ihrer Ziele und Wünsche. Den Unholden zeigen sie sich als strafende und rächende Wesen. Ferner geben sie jedem Gelegenheit, mit ihnen Kontakt aufzunehmen, um jedem Menschen mehr Sicherheit, Vertrauen und Selbstbewusstsein zu vermitteln.

Die Menschen der damaligen Zeit lebten im Einklang mit der Natur und nahmen alle Erscheinungen wahr, die ihnen die geistige Welt zur Lösung der irdischen Herausforderungen zur Seite stellte. Naturerscheinungen wie Sonne, Mond, Stürme, Donner, Schnee und das Erwachen der Natur regten frühere Völker zur Schöpfung von Wesen an, die sich in Göttern verkörperten. So sitzt nach vorchristlich-heidnischem Glauben die hochverehrte Fruchtbarkeitsgöttin der Kelten Ceridwen, in ihrer Erscheinung als alte Weise, in den rauen, nebligen Nächten an ihrem Kessel und kocht die Ursuppe, das Schicksal der Menschen. In den Rauhnächten, den Tagen des Übergangs, bereitet sie darin die Inspiration, die Initiation, die Einweihung und Transformation der Persönlichkeit zu. Dann sind die Zugänge zu dem verborgenen Reich der Erde – der Ort der

Erleuchtung und Weisheit, die Welt der Ahnen, im Laufe dieses Buches auch Anderswelt genannt – frei, und jeder kann am Faden seines Lebens mitspinnen und mit dem magischen Zauberlöffel in der Suppe des Urkessels rühren. Er kann hineinschauen und sein Schicksal, sein Los, sehen und seine Handlungen mitbestimmen, die den Lebensweg beeinflussen. So kann jeder in den Rauhnächten Entscheidungen treffen und Maßnahmen ergreifen, die seine bisherige Richtung im Leben verändern werden.

Wenn die Tage kürzer und die Nächte länger wurden und sich Sommer und Winter begegneten, feierten unsere Urahnen in der Zeit um den 1. November den Beginn des keltischen neuen Jahres, das Samhainfest. An diesem Übergang vom alten ins neue Jahr steht das Tor zur Anderswelt offen und die Ahnen konnten über die Schwelle an den Ort ihres früheren Lebens zurückkehren, und auch Naturwesen wie Feen und Geister konnten durch das geöffnete Tor die menschliche Welt betreten. Die Menschen hatten die Möglichkeit, sich mit ihren Ahnen und den Naturwesen zu verbinden, sich mit den Verstorbenen auszusprechen und alte Dinge zu bereinigen und sie um Rat und Beistand zu bitten. Diese Verbindung war bis zum 6. Januar möglich, wenn sich die Tore wieder schlossen. Samhain war zudem das Fest der letzten Ernte, an dem die Sonne symbolisch starb und sich die Natur zur Ruhe legte, um Kraft für das kommende Frühjahr zu sammeln. Dies wurde mit Opfergaben aus der Ernte sowie mit großen Feuern gefeiert. Alle Feuer des Landes wurden gelöscht und von dem angesehensten und höchsten Priester ein neues, heiliges Feuer auf einem sakralen Festplatz entzündet. Davon nahm jede Familie eine Flamme mit nach Hause und entfachte dort wieder das eigene Herdfeuer und eine Räucherpfanne, mit welcher der Familienvater Haus und Hof nach einem bestimmten Räucherritual reinigte. Diese Symbolik des Räucherns kennen wir auch heute noch und können sie auf wunderbare Weise gemeinsam mit unseren Kindern in den Rauhnächten zelebrieren.

Die dunkle Zeit des Winters war bei unseren Vorfahren eine Zeit der Ruhe und Einkehr, eine magische und mystische Zeit, aber auch eine Zeit voller Entbehrungen. Die Wintersonnenwende, die längste Nacht und der kürzeste Tag des Jahres am 21. Dezember, markierte den Scheitelpunkt der Dunkelheit – endlich wurden die Tage wieder länger und das Licht und die Sonne kehrten zurück. Das Julfest, auch Yule genannt, das zur Wintersonnenwende begangen wurde, feierte die Geburt der wiederkehrenden Sonne, zu der man Sonnenwendfeuer und später Kerzen entzündete, Mistelzweige aufhängte und Haus und Hof mit Räucherwerk gereinigt wurden. Die Wintersonnenwende sowie die darauffolgenden Rauhnächte waren zugleich auch die Zeit, zu der Wotan mit seiner Wilden Jagd unterwegs war und Frau Holle über das Land fegte.

Auch wenn das Julfest später mit Heiligabend verschmolz und die Rauhnächte heute daher nicht mehr am 21., sondern am 24. Dezember beginnen, so bleibt diese Zeit voller Mystik und Magie. Bis heute spüren wir den Zauber dieser rauen, rauchigen Nächte in jeder Zelle unseres Körpers und feiern zum Jahreswechsel mit vielen ursprünglich germanisch-keltischen Bräuchen und Ritualen die gleichen Feste im modernen Gewand. Kinder sind fasziniert von diesen Feierlichkeiten, stecken sie doch voller Zauber, Geheimnis, Magie und bringen Kinderaugen zum Leuchten.

Frau Holle – Schicksalsgöttin der Rauhnächte

In den unheilvollen Zeiten, wenn die Winterstürme toben, jagt nach alten Überlieferungen die archaische Göttin Holle, die auch als Berchta, Perchta oder Freyja bekannt ist – eine alte und äußerst mächtige Göttin, die über den Kreislauf des Lebens von der Geburt bis zum Tode wacht – in hell glänzendem Gewand mit einem Geisterheer durch die Lüfte. Begleitet wird sie dabei von einer Vielzahl ungetauft verstorbener Kinderseelen in weißen Hemdchen, die ihr sowohl auf einem goldenen Wagen zur Seite stehen wie auch zu Fuß dem Tross folgen. Ebenso gehören Elben, Zwerge, Gnome, Zauberer und die Seelen der Verstorbenen zu ihrem Gefolge, die mit Glocken und Peitschen einen Heidenlärm verursachen und jedem Angst und Entsetzen einjagen, der sich von menschlichen Lastern wie beispielsweise Hochmut, Neid, Zorn, Habgier, Völlerei und Faulheit in seiner mentalen Stärke schwächen lässt. Wie wir schon aus dem bekannten Märchen Frau Holle der Gebrüder Grimm erfahren, belohnt sie tüchtige Menschen mit Gold, das als Symbol für Lebensglück und Erfolg steht. Weniger hold gesinnt ist sie hingegen den eher faul und bequem einzuordnenden Zeitgenossen, die sich gerne auf Kosten anderer durchs Leben schummeln und sich wundern, dass ihnen die Lebensfreude abhandengekommen ist. Als Göttin des Lebens und des Todes begleitet sie die Menschen im Diesseits und Jenseits. Demzufolge verfügt sie über zwei Gesichter: eines mit düsteren und das andere mit hellen Zügen.

Ihr Tosen ist heilig, göttlich und kosmisch und durchflutet jede Zelle des menschlichen Körpers mit Lebenskraft und dem Willen des Wandels. Wenn die Tage kürzer werden und die Nächte länger, wenn das wärmende Herdfeuer in der Holzstube knistert und die winterlichen Schneestürme mit lautem Geheul über die mit weißen Eiskristallen bedeckten Felder und durch die vor Kälte klirrenden Wälder jagen, dann kommt Frau Holle in Begleitung der dahingeschiedenen Seelen auf einem Wagen daher. Mit wildem Geschrei brausen sie durch die Lüfte und prüfen die Menschen auf ihren persönlichen Seinszustand, ihre Reife und Ehrfurcht vor dem Leben. Leidenschaft, Kreativität, Instinkt und Selbstbewusstsein sollen in diesen Nächten geweckt werden, sodass jeder Einzelne wieder zu seiner Urkraft stößt, die in seinem tiefsten Inneren verschüttet liegt.

Als Lebensgöttin begegnet sie den Menschen freundlich und hilfreich und steht ihnen stets zur Seite, wenn man sie in Meditationen anruft. Dies geschieht am besten an magischen Orten wie Flüssen, Seen, Wasserquellen und Brunnen, in Wäldern und in den Bergen und natürlich an jedem Hollerbusch, jenem Baum, an dessen

Wurzeln Feen und Zwerge verweilen und die Menschenkinder über einen heiligen Brunnen unter den Wurzeln des Zauberbaums hinab ins Hollenreich begleiten. Nach altem Glauben spinnt sie dort das Schicksal der Menschen. Sie fordert Fleiß und Heiligung der Feiertage ein. Besonders in der *staden* (stillen) Zeit zwischen Heiligabend und Dreikönig ist sie sehr streng mit der Bevölkerung auf unserem Planeten. Sie befiehlt in den zwölf heiligen Nächten strengstes Arbeitsverbot und erteilt jedem die absolute Pflicht, sich mit seinem bisher gelebten Dasein zu beschäftigen, es kritisch zu beleuchten und für die Zukunft Pläne der Wandlung zu schmieden. Wer nicht zur Läuterung bereit ist, den wird sie so lange mit Misserfolgen strafen, dem Pech des Lebens, bis er zur Besinnung kommt und Besserung gelobt. Entdeckt sie während ihrer nächtlichen Jagd Menschen auf den Wegen, so packt sie diese und nimmt sie mit in ihr Totenreich.

Um sie gütlich zu stimmen, stellten die eingeschüchterten Menschen ihr früher Getreidebrei, honigsüßen Met, Nüsse und Äpfel vor die Tür und unter Bäume. Außerdem räucherten sie das Harz von Fichten, Tannen und Kiefern sowie würzige Wacholderbeeren, um sich vor den dämonischen Handlungen der tobenden Göttin zu schützen. Geehrt von so viel Demut, soll Frau Holle die Menschen mit Geschenken, Segen und Glück belohnt haben. So erzeugt sie ein leises Flüstern, welches in der Tiefe unserer Seele widerhallt und die Urkraft sowie innere Ruhe sprießen lassen. Eine Sehnsucht zieht uns hin zu dieser alten, mysteriösen Kraft, die uns verspricht, unser Leben zu bereichern und Wege zu zeigen, die wir noch nie zuvor betreten haben.

Frau Holle mit Kindern erleben

Kinder lieben Frau Holle, wenn sie von dem spannenden, gleichnamigen Märchen der Gebrüder Grimm erfahren. Oftmals stellen sie sich vor, wie es wäre, wenn sie anstelle der Goldmarie durch das Tor gingen und mit Gold belohnt würden. Dieses imaginäre Bild und andere Szenen der Erzählung können die Kinder nachmalen, um so ihre fantasievollen Vorstellungen zu Papier zu bringen. Hängt die Bilder anschließend in eurer Stube auf und spürt, welch magische Energie von ihnen ausgeht.

In vielen Städten und Dörfern gibt es Straßennamen, die nach Frau Holle (= Percht) benannt sind: Frau-Holle-Straße, Holleweg, Hollenstraße, Hollesteig, Hollenweg, Hollengasse, Perchtinger, Perchtesgadener Straße, Perchtholdsdorfer Straße, Perchtenstraße. Besucht doch mal diese Orte und erlebt den Zauber, wenn ihr an den Häusern und oftmals winterlich geschmückten Gärten vorbeischlendert. Sucht dort nach Naturmotiven, die in dem Märchen erwähnt werden oder die ihr euch in den Szenen vorgestellt habt, und fangt deren Zauber ein: beispielsweise Bäume in der Straße und in den Gärten, Brunnen vor den Häusern, Tore zu den Eigenheimen, Früchte, die an Sträuchern hängen, wie beispielsweise rote Hagebutten an Rosensträuchern, Blumen wie Christrosen in den winterlichen Vorgärten oder rot blühende Weihnachtssterne auf den Fensterbänken in den Stuben.

Backen ist ein weiteres Motiv in dem Hollemärchen, warum also nicht einmal gemeinsam mit den Kindern traditionelle Leckereien wie Lebkuchen oder Brote (siehe Rezeptseiten) zubereiten? Das schmeckt nicht nur sehr lecker, sondern schafft auch eine gute Identifikation mit den tugendhaften Figuren in der Erzählung.

Besprecht auch die moralische Bedeutung des Märchens von Frau Holle:

- dass harte Arbeit, Ausdauer und ein gutes Herz letztlich zu Wohlstand und Anerkennung führen;
- dass Faulheit, Gier und Böswilligkeit negative Konsequenzen haben und nicht zum Erfolg führen;
- dass jeder für sein Verhalten verantwortlich ist;
- dass Prüfungen und Herausforderungen im Leben Gelegenheiten sind, Tugenden zu beweisen;
- dass das Leben mehr umfasst als nur die sichtbare, materielle Welt. Moralische und spirituelle Gesetze spielen eine wichtige Rolle im Leben und beeinflussen das Schicksal der Menschen.

Es heißt, Frau Holle beschütze besonders gerne solche Kinder, die ihr etwas Proviant in den Garten, auf den Balkon, die Fensterbank oder vor die Haustür legen. Mit ein paar Apfelscheiben, Nüssen oder Trockenfrüchten bereitet ihr dieser älteren Dame eine große Freude. Stellt auch eine Tasse Kräutertee und eine Laterne dazu, um ihr eine gemütliche und warmherzige Atmosphäre zu schaffen. Sie wird es euch mit viel Glück im Leben danken.

Wotan – Herrscher über die Rauen Nächte

In den Stürmen der Winternächte taucht ebenso Wotan (in nordischen Gebieten Odin genannt) auf, der höchstverehrte unter den germanischen Göttern, begleitet von einem wilden Totenheer mit grausamem Geschrei, Pferdewiehern, Hundegebell, Peitschenknallen und Hörnerblasen, das als die Wilde Jagd bekannt ist. Er jagt über die Erde durch den dichten, gespenstigen Nebel, um die Menschen zu prüfen. In diesen Zeiten stockt das Weltenrad, und das menschenfeindliche, finstere Utgard, die Welt der dunklen Unholde, bösen Geister und krankheitserregenden Dämonen, öffnet seine Pforten. Die Wesen der Unterwelt dringen in Midgard ein, die Welt der menschlichen Geborgenheit, um von uns Besitz zu nehmen. Wer sich nach Einbruch der Nacht noch draußen aufhält, wird von ihnen für ewig verschleppt. Der oberste Gott braust auf seinem schnaubenden, achtbeinigen Schimmel Sleipnir, umgeben von seinen beiden Raben Hugin und Munin (»Gedanken« und »Gedächtnis«), den Wölfen Geri (der »Gierige«) sowie Freki (der »Heißhungrige«), über weglose Wälder, zerrt an den Dachfirsten der Häuser und bläst das klein lodernde Herdfeuer zu einer gefährlichen Feuersbrunst auf.

Im Angesicht dieser grauenvollen Bedrohung erwachen die inneren Stimmen der Menschen, die ihnen den Weg durch ihr Leben zeigen. Der Geist wandert in unsere unsichtbaren Tiefen, und der

Mensch wird empfänglich für Eingebungen. Dieser zauberkräftige, weitsichtige und leidenschaftliche Meister der zwölf geheimnisvollen Nächte verbindet uns mit unseren verstorbenen Ahnen, die ihre Nachkommen auf diese Weise aus dem Brunnen der Weisheit und Erkenntnis schöpfen lassen und ihnen Einblick in das Reich unendlichen Wissens gewähren. Nur in den Rauhnächten hat dieses wilde Heer freien Lauf, da hier die Tore zur Totenwelt weit offen stehen. Nach den rauen Nächten kehrt Wotan zurück nach Walhall, der göttlichen Wohnstätte, dem heidnischen Paradies, und beobachtet bis zu den folgenden dunklen Nächten das Menschenvolk, um es bei seinem nächsten Ritt durch Midgard erneut zu prüfen und dem Sinn ihres Daseins näherzubringen.

Da Wotan der weiseste unter den Göttern ist, erkennt er, dass Klugheit und Zauberkraft immer den dunklen Mächten des Schicksals gegenüberstehen werden, die die Menschen verführen und für sich gewinnen möchten. Ebenso ist ihm bewusst, dass dieser Kampf stets zur Weiterentwicklung der Menschheit führt, zur Einweihung in das geheime, geistige Wissen, die Stufe um Stufe erklimmt, um dem Ziel des Friedens zwischen den verschiedenen Welten näherzukommen. Um dieses Streben der Erdlinge in Gang zu setzen und aufrechtzuerhalten, nutzt er die Zeit der toten Natur für die innere Einkehr eines jeden Einzelnen, besucht die irdische Welt, versetzt sie in Angst und Schrecken und aktiviert damit den Vorgang ihrer Selbsterkenntnis, Visionen, Einsichten und Ekstase. Bis heute unterstützt er die Menschen auf ihrer Suche nach Wahrheit und Weisheit. Wer ihn spüren, fühlen und erleben möchte, der braucht nur in der Zeit der Wintersonnenwende, wenn die tobenden Stürme über das Land rasen, das Fenster zu öffnen und das Jagen am göttlichen Firmament zu beobachten. In wenigen Augenblicken zieht der stürmische Windgott den Beobachter in seinen Bann. Plötzlich erscheint ein Brunnen der Erinnerung, der die Wichtigkeit des Gedenkens an die Vorfahren und das Wissen um die Vergangenheit für ein erfülltes und reiches Leben feststellt.

Als Zeichen und Beweis seines Daseins hinterlässt Wotan die Fliegenpilze. Denn überall, wo Blut und Geifer aus Sleipnirs Maul tropft, sprießen diese magischen Zauberwesen mit ihren weiß betupften Hüten aus der Erde.

Wandert man durch einen Wald und entdeckt Fliegenpilze, so wird man stets an Wotans Tugenden und Missionen für ein erfolgreiches und berauschendes Leben erinnert:

1. Wotan beweist mit seinen Taten, dass man sich seinen Herausforderungen stellen und mutig kämpfen soll, um seine Ziele zu erreichen. Er lehrt, dass Tapferkeit und Entschlossenheit oft die Schlüssel zum Erfolg sind, selbst in den schwierigsten Situationen.
2. Als Weisheitsgott ist Wotan auch ein Symbol für Wissen und Erkenntnis. Er lehrt uns, wie wichtig es ist, nach Wissen zu streben, zu lernen und zu wachsen. Er ermutigt dazu, die Geheimnisse des Universums zu erkunden, die Tiefen der eigenen Seele zu erforschen und nach spiritueller Erleuchtung zu suchen.
3. Wotan ist bekannt für seine Bereitschaft, Opfer zu bringen, um Wissen und Macht zu erlangen. Er flüstert uns zu, dass wahre Stärke oft durch Opfer und Hingabe erreicht wird. Er zeigt, dass man manchmal bereit sein muss, persönlichen Komfort oder Sicherheit aufzugeben, um größere Ziele zu erreichen oder um eine höhere Wahrheit zu erlangen.
4. In der nordischen Mythologie wird oft betont, dass das Schicksal vorherbestimmt sei und dass selbst die Götter dem Lauf der Dinge nicht entkommen können. Er weist uns darauf hin, dass es wichtig ist, sein Schicksal anzunehmen und zu akzeptieren, während man dennoch den eigenen Weg mit Entschlossenheit und Mut geht. Er erinnert daran, dass jeder Mensch eine Rolle im großen Gefüge des Schicksals spielt und dass es wichtig ist, diese Rolle würdevoll anzunehmen und zu leben.
5. Als Herrscher über die Götter trägt Wotan eine enorme Verantwortung für das Wohl des Kosmos. Er zeigt, dass Führung und Macht stets mit Verantwortung einhergehen. Er lehrt, dass wahre Führung nicht durch Tyrannei, sondern durch Weisheit, Mitgefühl und Ehrlichkeit erreicht wird.

6. Wotan ist eng mit der Natur verbunden und fordert uns auf, die Natur als Quelle der Weisheit und Heilung zu entdecken und dass es wichtig ist, sie zu respektieren und zu schützen.

Der Geist Wotans ermuntert die Menschen, mutig und entschlossen zu sein, nach Weisheit zu streben, Opfer zu bringen, das Schicksal anzunehmen, verantwortungsvoll zu leben und die tiefen Geheimnisse der Natur zu ergründen. In den dunklen Rauhnächten inspiriert er uns, seinem Wirken zu folgen, Kindern seine Ideen nahezubringen, um sie für ein erfolgreiches und intensives Erleben ihres irdischen Daseins vorzubereiten.

Wotan mit Kindern erleben

Stellt, wie schon für Frau Holle, dem Herrscher über die rauen Nächte und seinen Begleitern etwas Proviant während seiner Reise durch die Menschenwelt bereit: Brot für Wotan, Wasser für seinen Schimmel Sleipnir und Walnüsse sowie Haselnüsse für Hugin und Munin, seine beiden Raben. Schon in den nächsten Tagen werdet ihr intuitiv merken, dass ihr unter seinem besonderen Schutz steht. Wie ein schützender Engel wird er euch vor physischen und geistigen Gefahren bewahren, dabei helfen, richtige Entscheidungen zu treffen, in schwierigen Situationen trösten und helfen, spirituelles Bewusstsein und Einsicht zu erlangen.

Wotan ist ein Gott der Weisheit und der Wildnis. Spaziergänge in der Natur, das Beobachten von Tieren (insbesondere Raben) können Wege sein, wie Kinder sich mit Wotan verbunden fühlen können. Das Malen von Gegenständen, die Wotan darstellen oder symbolisieren, ist ebenfalls eine Möglichkeit, eine Verbindung zu ihm herzustellen. Es gibt wunderschöne Malbücher für Kinder, die die Mythologie des Nordens behandeln und Wotan mit seinen tierischen Begleitern durch die Rauhnächte darstellen.

Kinder können durch das Hören von alten Sagen und Legenden über Wotan ein Verständnis und eine Verbindung zu ihm aufbauen. Einfache Rituale wie das Anzünden einer Kerze oder das Aufstellen eines kleinen Altars mit Symbolen, die Wotan zugeordnet sind (zum Beispiel Rabenfiguren, ein weißes Pferd als Symbol für Sleipnir, Speere), schaffen ein Gefühl der Nähe zu ihm.

EIN ALTAR FÜR WOTAN

Der Aufbau eines Altares für Wotan ist sehr leicht.

Materialien

- Ein kleiner Tisch oder eine stabile Fläche
- Tuch oder Decke für den Altar
- Bild oder Statue von Wotan
- Natürliche Elemente wie Zweige, Steine, Federn (vorzugsweise von Raben) und Blumen
- Kerzen (LED-Lichter oder normale Kerzen unter Aufsicht)
- Schale für Opfergaben
- Opfergaben (zum Beispiel Nüsse, Obst, Honig)
- Bücher oder Schriftrollen mit Geschichten über Wotan

Anleitung

1. Wählt einen ruhigen und sicheren Ort im Haus, wo der Altar aufgestellt werden kann.
2. Deckt den Tisch oder die Fläche mit einem Tuch ab. Das Tuch kann in Farben gehalten sein, die mit Wotan assoziiert werden, wie Dunkelblau, Grau oder Schwarz.
3. Stellt ein Bild oder eine kleine Statue von Wotan in die Mitte des Altars. Wenn keine solche Darstellungen verfügbar sind, können die Kinder ein Bild von Wotan malen.

4. Platziert Zweige, Steine, Federn und andere natürliche Gegenstände auf dem Altar. Diese Gegenstände symbolisieren die Verbindung zu Natur und Weisheit, die Wotan verkörpert.
5. Stellt einige Kerzen auf den Altar. Wenn echte Kerzen verwendet werden, sollten sie nur unter Aufsicht eines Erwachsenen angezündet werden. Alternativ können elektrische Kerzen genutzt werden.
6. Platziert eine Schale auf den Altar und legt kleine Opfergaben hinein. Dies können Nüsse, Früchte oder andere natürliche Lebensmittel sein.
7. Stellt ein Buch mit nordischen Mythen und Geschichten über Wotan auf den Altar. Lest regelmäßig Geschichten aus diesem Buch vor, um die Verbindung zu Wotan zu stärken.

Pflege des Altars

Ermutigt die Kinder, den Altar sauber und ordentlich zu halten. Sie können regelmäßig neue Opfergaben hinzufügen und die Kerzen anzünden, wenn sie Zeit mit Wotan verbringen möchten.

Kapitel 2

Märchen – magischer Zauberschatz

In den zwölf magischen Nächten stehen die Pforten zur übernatürlichen Welt weit offen und Märchen – überlieferte Erzählungen, in denen übersinnliche Kräfte und Gestalten in das Leben der Menschen eingreifen – wirken besonders zaubervoll und fesselnd. Es ist eine Zeit, in der Kinder wie Erwachsene tief in die Fantasiewelten eintauchen und mit hilfreichen Wesen, alten Ritualen und Bräuchen, spannenden Informationen und weisen Erklärungen in Kontakt treten können.

Lasst euch ein auf den Zauber der überlieferten Geschichten aus vergangenen Jahrhunderten und werft zusammen mit den Kindern einen Blick in eine andere, geheimnisvolle Welt, die dazu einlädt innezuhalten, Werte wie Vertrauen, Liebe und Glaube zu entdecken und sich so im Spiegel der althergebrachten Erzählungen wahrzunehmen. Der Zauber der Märchen erfasst auch die zentralen Fragen und Schwierigkeiten des Lebens und die Entwicklung von Erwachsenen und Kindern – wie auch die Psychologie. Bis heute spüren wir ganz unbewusst, dass wir Lektionen aus Märchen wie *Hans im Glück, Schneewittchen, Die Bremer Stadtmusikanten* und all den anderen Geschichten für unsere Lebensgestaltung lernen können.

In vielen Märchen begibt sich der Hauptcharakter auf Wanderschaft, die für das Ereignis einer bevorstehenden Verwandlung steht, für die Abkehr vom Alten und die wachsende Bereitschaft für eine bessere neue Wirklichkeit. So geht es in diesen Geschichten um die sich jährlich wiederholende Erfahrung, dass in diesen Tagen etwas Altes beendet wird und sich etwas Neues ankündigt – auch wenn das noch nicht ganz zu fassen ist. Während der Rauhnächte sind – so die Überlieferung – die Gesetze der Natur außer Kraft gesetzt und die Grenzen zu mystischen und magischen Welten aufgehoben.

Immer mehr Leute öffnen sich heute wieder dafür, diese Nächte als eine besondere Zeit des Wandels wahrzunehmen, in der sie die jahrhundertealten tiefgründigen Sagen, Legenden und Geschichten aus den Schubladen hervorholen, weil sie spüren, dass ihre fernen Ahnen ihnen damit einen reichen Schatz für ihr Leben hinterlassen haben. Erfahrt auch ihr die heilende Kraft der Märchen und begebt euch mit euren Kindern auf atemberaubende Abenteuer voller Zauber, Magie und Geheimnisse in den langen, dunklen Nächten.

HANS IM GLÜCK

Hans im Glück erzählt die Geschichte eines jungen Burschen namens Hans, der als Lohn für sieben Jahre schwerer Arbeit einen kopfgroßen Goldklumpen erhält und sich dann auf die Heimreise zu seiner Mutter macht. Doch schwer lastet der Besitz auf seinen Schultern und so tauscht er den Goldklumpen gegen ein Pferd, das Pferd gegen eine Kuh, die Kuh gegen ein Schwein, das Schwein gegen eine Gans und die Gans zuletzt gegen einen Schleifstein mitsamt einem einfachen Feldstein, die am Ende aus Versehen in einen Brunnen fallen. Bei jedem Tausch ist er der Überzeugung, er habe ein Schnäppchen gemacht und sei nun besser dran als zuvor. Er hat das Empfinden, jeweils so zu tauschen, dass alles eintrifft, was er sich wünscht, und fühlt sich vom Glück bevorzugt, empfindet unendliche Freude und wahres Glück. Von jeglichen Lasten befreit, genießt er die einfachen Freuden des Lebens. »So glücklich wie ich«, freut er sich, »gibt es keinen Menschen unter der Sonne.« Mit leichtem Herzen und frei von aller Last wandert er weiter, bis er daheim bei seiner Mutter angekommen ist.

Die Geschichte betont die Idee, dass materieller Reichtum nicht unbedingt mit Glück und Zufriedenheit einhergeht. Hans strebt nach Freiheit und Glück und gibt alles auf, was ihn belastet. Kann es sein, dass wir umso reicher beschenkt werden, wenn wir loslassen können? Ist es für ein erfülltes Leben nicht wichtig, aufzubrechen und sich von Menschen und Dingen zu lösen, an denen wir nicht mehr festhalten möchten und können?

Hans im Glück versucht uns aufzuzeigen, dass wir der inneren Stimme folgen sollen, um Zufriedenheit, innere Ruhe und Lebensglück zu erfahren. So werden wir die Fülle und den Reichtum unseres irdischen Lebens in vollen Zügen genießen und erfahren können. Hans vertraut darauf, dass ihm das Leben Gutes bringen wird, und nimmt die Dinge, wie sie kommen. Vertrauen und Gelassenheit im Umgang mit den Herausforderungen des Lebens lassen ihn unbeschwert und ohne Sorgen durch den Alltag gehen. Auf seiner Reise trifft Hans verschiedene Menschen, denen er hilft und die ihm im Gegenzug ebenso helfen. Damit erfährt er Freundschaft und Hilfsbereitschaft als wesentliche Faktoren für ein glückliches Leben. Hans findet Glück und Zufriedenheit in den einfachen Dingen des Lebens, sei es in einem Stück Brot oder einem Stein, und schätzt den Wert der Einfachheit und der kleinen Freuden des Lebens. Hans betrachtet sein Leben und seine Reise mit einer positiven Einstellung und findet in jeder Situation etwas Gutes. Dies zeigt, dass Glück oft eine Frage der Perspektive ist und dass man sein Glück in den kleinen Dingen finden kann, wenn man seine Einstellung ändert.

Aladin und die Wunderlampe

Aladin, ein armer junger Mann aus einem fernen Land im Orient, stößt eines Tages in seiner Heimatstadt auf einen alten Mann, der behauptet, ein Bruder seines verstorbenen Vaters zu sein. Dieser Fremde ist jedoch ein böser Zauberer, der nach einer alten Wunderlampe sucht, die in einer versteckten Höhle verborgen ist. Er überredet Aladin, ihm zu helfen, die Lampe zu finden, indem er behauptet, reichlich dafür belohnt zu werden. Aladin, der sich nach einem besseren Leben sehnt, folgt ihm und klettert durch den winzigen Eingang in die Höhle. Dort findet Aladin nicht nur die Lampe, sondern auch einen unendlich wertvollen Schatz. Doch als er die Höhle verlassen möchte, erkennt er die List des Fremden, dass er in der Höhle eingesperrt bleiben soll, nachdem er die Lampe ausgehändigt hat. Er weigert sich, diese zu übergeben, und wird von dem Zauberer in der Höhle eingeschlossen. Dabei verliert der kriminelle Geselle einen Zauberring, aus welchem ein Geist erscheint, der Aladin genau drei Wünsche erfüllen möchte. Dieser magische Gegenstand hilft ihm schließlich nicht nur, aus der Höhle zurück in sein Zuhause zu gelangen, sondern befreit ihn noch zwei weitere Male aus verzweifelten Notlagen. Mithilfe der Wunderlampe gelingt Aladin ein Leben in immerwährendem Reichtum, und er heiratet schließlich die Tochter des Sultans. Aladin und die Prinzessin leben nach verschiedenen Hindernissen glücklich zusammen und regieren das Königreich mit Weisheit und Güte. Sie lernen, dass wahre Liebe und Freundschaft wertvoller sind als alle Reichtümer der Welt.

Aladin beginnt seine Lebensreise als armer Junge, der nach Reichtum strebt. Doch am Ende erkennt er, dass wahre Schätze wie Liebe, Freundschaft und Mitgefühl unbezahlbar sind und nicht durch materiellen Reichtum ersetzt werden können. Aladin erhält die Möglichkeit, drei Wünsche erfüllt zu bekommen, aber er lernt schnell, dass unüberlegte Wünsche unerwartete Konsequenzen haben können. Es ist wichtig, vorsichtig und besonnen zu sein, wenn man Macht oder erfüllbare Wünsche erhält, da diese sich anders auswirken können als erwartet. Aladin überwindet zahlreiche Hindernisse und Herausforderungen auf seinem Weg, indem er ehrlich und mutig handelt. Sein guter Charakter und seine Tugenden sind entscheidend für seinen Erfolg und seine Überwindung von Schwierigkeiten. Aladin bekommt Hilfe von Freunden wie dem Lampengeist und der Prinzessin. Diese Zusammenarbeit und Unterstützung sind entscheidend für seinen Erfolg. Die Geschichte lehrt, dass Freundschaft und Zusammenarbeit oft der Schlüssel zum Überwinden von Hindernissen und zum Erreichen von Zielen sind. Das Märchen warnt auch davor, wie Macht und Reichtum die Menschen verändern können. Der böse Zauberer ist ein Beispiel dafür, wie der Wunsch nach Macht zu Bosheit und Korruption führen kann. Aladin hingegen bleibt trotz seines Reichtums demütig und großzügig. Er wird mit Reichtum und Macht belohnt, aber seine moralische Integrität bleibt unerschüttert. Er handelt stets nach den Prinzipien von

Güte, Großzügigkeit und Liebe. Die Geschichte betont die Bedeutung moralischer Integrität und zeigt, dass diese letztendlich mehr wert ist als materieller Gewinn.

Dornröschen

In diesem Märchen wünschen sich ein König und eine Königin sehnlichst ein Kind. Nach langer Zeit schenkt die Königin einem Mädchen das Leben, und voller Glück veranstalten die Eltern ein großes Fest, zu dem sie auch die zwölf weisen Frauen des Landes einladen. Doch eine dreizehnte alte Fee, die nicht eingeladen wurde, erscheint und verflucht das Kind: An ihrem fünfzehnten Geburtstag soll sie sich an einer Spindel stechen und sterben. Eine der weisen Frauen kann jedoch den Fluch abmildern, sodass Dornröschen nicht sterben, sondern hundert Jahre lang schlafen wird.

Um das Schicksal ihrer Tochter zu verhindern, verbietet der König die Spindel im ganzen Königreich. Doch an ihrem fünfzehnten Geburtstag entdeckt Dornröschen in einem abgelegenen Turmzimmer eine alte Frau, die eine Spindel spinnt. Fasziniert von dem Gerät, sticht sie sich und fällt zusammen mit dem ganzen Schloss und seinen Bewohnern in einen tiefen Schlaf. Über die Jahre wächst ein dichter Dornenwald um das Schloss herum.

Viele Königssöhne versuchen, Dornröschen aus ihrem tiefen Schlaf zu erwecken, scheitern aber immer an der Überwindung der dornigen Pflanzen. Nach hundert Jahren kommt ein tapferer Prinz in das verzauberte Königreich und hört von der schlafenden Schönheit im Schloss. Hoch motiviert, mutig und furchtlos dringt er durch den Dornenwald vor und betritt das Schloss, wo er Dornröschen findet. Von ihrer Schönheit verzaubert, küsst er sie, und der Fluch wird gebrochen.

Dornröschen erwacht zusammen mit dem gesamten Schloss, und das ganze Königreich feiert ihr neues Leben. Der Prinz und Dornröschen heiraten und leben glücklich bis an ihr Lebensende.

Die dreizehnte Fee fühlt sich von der Gemeinschaft missachtet und ausgeschlossen. Daraufhin reagiert sie mit Aggressionen und Zorn, indem sie das Lebensglück der Königsfamilie verflucht. Mit diesem Märchen lernen Kinder also schon sehr früh, wohin es führen kann, wenn sich Menschen sozial ausgegrenzt fühlen, auch wenn dieser Umstand keine böse Absicht war. Ihre Neugier bringt Dornröschen in die missliche Lage des Fluches, was uns zeigen soll, dass man auf der Suche nach Erfahrung und Abenteuer niemals die Vorsicht vergessen darf. Anstatt mit seiner Tochter offen über die drohende Gefahr zu sprechen, verbietet der König alle Spindeln im Land. Trotzdem kann er den Fluch nicht verhindern. Auch hier wird eine allzu oft praktizierte Verdrängung von Problemen angesprochen, die erst recht in die Katastrophe führt. Unbewusst spüren die Kinder mit diesem Märchen, dass es besser ist, Schwierigkeiten anzusprechen, als sie zu verheimlichen. Obwohl die Prophezeiung vom Tod durch einen Spindelstich zunächst düster erscheint, wird sie am Ende von der guten Fee abgemildert. Dies erinnert uns daran, dass das Leben voller Überraschungen sein kann und dass selbst scheinbar unausweichliche Schicksale geändert werden können. Der Ehrgeiz, die Liebe und Treue des Prinzen zu Dornröschen sind so stark, dass er große Hindernisse überwindet, um zu ihr zu gelangen. Dies unterstreicht die Kraft der inneren Stimme und wie sie Unmögliches erreichen kann. Sowohl für Dornröschen, die darauf wartet, dass der Prinz sie rettet, als auch für den Prinzen, der Hindernisse überwinden muss, sind Geduld und Ausdauer entscheidend. Das Märchen lehrt uns, dass gute Dinge oft Zeit brauchen und dass es wichtig ist, geduldig zu sein und nicht aufzugeben. Dornröschen wird von den guten Feen und später von ihrem Prinzen gerettet. Dies betont, wie die Gesellschaft und deren Unterstützung in schwierigen Zeiten zu einem erfolgreichen Leben führen kann.

DIE SCHNEEKÖNIGIN

In einer kleinen Stadt lebten zwei Kinder, Gerda und Kay, die beste Freunde waren und sich wie Geschwister liebten. Sie spielten jeden Tag zusammen im Garten und waren unzertrennlich. Doch eines Tages geschah etwas Seltsames. Ein teuflischer Zauberer schuf einen Spiegel, der alles Gute und Schöne verzerrte und in etwas Hässliches und Böses verwandelte. Als der Spiegel zerbrach, flogen winzige Splitter in die Luft und verteilten sich über die ganze Welt.

Ein Splitter traf das Herz und das Auge von Kay, und von diesem Moment an änderte sich alles. Er wurde kalt, gefühllos und abweisend, selbst zu Gerda. Eines Tages im Winter band er seinen Schlitten an einen großen Wagen, um sich von diesem ziehen zu lassen. Dieser Wagen jedoch gehörte der Schneekönigin, und so nahm sie diesen mit in ihr Schloss aus Eis, weit entfernt von der Welt der Menschen.

Gerda, Kays Freundin, macht sich daher auf die gefährliche Reise, um Kay zu retten. Unterwegs trifft sie verschiedene Charaktere, darunter eine alte Frau, eine Prinzessin, ein Räubermädchen und ein Rentier, die ihr bei ihrer Suche helfen. Schließlich erreicht sie das klirrend kalte Reich der Schneekönigin und findet ihren fast zu Eis erkalteten Freund im Schloss. Sie schafft es, sein Herz zu erwärmen, als sie bei seinem Anblick bitterlich zu weinen beginnt. Ihre Tränen schmelzen den Eisklumpen in seinem Herzen, und der Splitter in seinem Auge schwimmt heraus. Sie umarmen sich, lachen vor Freude und kehren gemeinsam nach Hause zurück.

Gerda, die sich auf eine gefährliche Reise begibt, um ihren Freund Kay zu retten, trotzt vielen Gefahren und hält unbeirrbar an ihrem Ziel fest. Dies beweist ihre starke Solidarität mit ihrem Freund und ihren grenzenlosen Mut. Ihre Tapferkeit, Beharrlichkeit, Energie und Tatkraft bringen sie zu ihrem Ziel. Unbewusst scheint sie mit dem »großen Ganzen« verbunden, der unsichtbaren Kraft aus dem Universum, die sie beschützt. Sie spürt und vertraut ihrer inneren Stimme, die ihr grenzenlosen Mut verschafft, um sich ganz allein auf diese Reise zu begeben und durchzuhalten. Sie glaubt an die unverwüstliche Macht der Freundschaft, Entschlossenheit und Treue, die sie Hindernisse überwinden lassen und zu erstaunlichen Taten motivieren. So erreicht sie ihr Ziel und kann Gefahren und Hindernisse bekämpfen. Trotz der eisigen Kälte und der immer drohenden Dunkelheit, die von der Schneekönigin ausgehen, gelingt es Gerda, das Gute im Herzen von Kay zu finden und ihn zu retten. Dies unterstreicht die Bedeutung, das Gute in anderen zu erkennen und an sie zu glauben, selbst wenn sie vorübergehend von Dunkelheit umgeben sind. Gerda durchläuft während ihrer Reise ein erstaunliches geistiges Wachstum und entwickelt eine beachtliche Verantwortung. Sie wird immer mutiger und entschlossener und zeigt eine bemerkenswerte innere Stärke.

Dies verdeutlicht, dass wir durch die Bewältigung von Herausforderungen enorme geistige Wachstumsschübe durchleben können. Das Märchen ermuntert dazu, das Wahre und Gute in der Welt zu suchen und zu schätzen. Trotz der Dunkelheit und Gefahren, die unsere Wege kreuzen, sollen wir immer unserem Ziel treu bleiben und niemals aufgeben. So werden wir das Glück im Leben finden und dem Sinn unseres irdischen Lebens begegnen.

Schneewittchen

Die Stiefmutter ist eifersüchtig auf die Schönheit ihrer Stieftochter Schneewittchen. Sie beauftragt einen Jäger, diese zu töten, aber der Jäger hat Mitleid und lässt sie am Leben. Er bringt der Stiefmutter das Herz eines Tieres, um Schneewittchens Tod vorzutäuschen. Schneewittchen flieht in den Wald und findet eine Hütte, die von sieben Zwergen bewohnt wird. Diese bitten sie, bei ihnen zu bleiben, und Schneewittchen willigt ein. Die Zwerge warnen sie davor, mit Fremden zu sprechen. Als die böse Stiefmutter erfährt, dass Schneewittchen noch am Leben ist, versucht sie mehrmals, sie zu töten. Sie verkleidet sich und bietet Schneewittchen vergiftete Gaben an, doch die Zwerge schaffen es immer wieder, die tödlichen Anschläge zu vereiteln. Schließlich verkleidet sich die Stiefmutter als alte Frau und gibt Schneewittchen einen vergifteten Apfel. Schneewittchen nimmt diesen leichtgläubig an, isst davon und fällt in einen tiefen Schlaf. Die Zwerge finden Schneewittchen und glauben zunächst, dass sie tot ist. Daraufhin legen sie das Mädchen in einen gläsernen Sarg, ausgestellt im Wald, nieder. Ein Prinz entdeckt sie und ist von ihrer Schönheit derart verzaubert, dass er sie auf sein Schloss bringen lässt. Während des Transports stolpert einer der Träger und Schneewittchen fällt das vergiftete Apfelstück aus dem Mund. Dabei erwacht sie und der Königssohn vermählt sich mit ihr. Die Stiefmutter wird schließlich für ihre Bosheit bestraft. Auf der Hochzeit von Schneewittchen und dem Prinzen muss sie in glühenden eisernen Pantoffeln tanzen, bis sie tot umfällt.

Die böse Königin ist das perfekte Beispiel für jemanden, der von Eifersucht, Neid und Narzissmus (gestörte Selbstliebe) beherrscht wird. Ihre übersteigerte Gier nach Wichtigkeit, Erfolg, Macht, Glanz und Schönheit zerfrisst sie mental. Sie kann es nicht ertragen, dass jemand schöner und begehrter ist als sie selbst, und setzt alles daran, Schneewittchen zu vernichten. Ihr Charakter zeigt, wie zerstörerisch Neid und Narzissmus sein können, ausgelöst durch extreme Minderwertigkeitskomplexe.

Zusammenfassend lehrt uns *Schneewittchen* wichtige Lektionen über Eifersucht, Mitgefühl, Selbstachtung und die Überwindung von Hindernissen. Es erinnert uns daran, dass Güte und Freundlichkeit oft stärker sind als Bosheit und Neid und dass das Gute letztendlich siegt, wenn man an sich selbst glaubt und seinen Zielen treu bleibt.

Des Kaisers neue Kleider

Das Märchen handelt von einem Kaiser, der sich nur um seine Garderobe sorgt und dabei seine Pflichten des Regierens vernachlässigt.

Eines Tages kommen zwei zwielichtige Betrüger in die Stadt und geben sich als talentierte Schneider aus. Sie behaupten, dass sie ein besonderes Gewebe weben können, das für Dummköpfe unsichtbar ist. Sie behaupten, dass nur kluge und fähige Menschen die Kleidung sehen können, während Dummköpfe und diejenigen, die unwürdig sind, sie nicht sehen können.

Der Kaiser, von Neugier und Eitelkeit getrieben, entscheidet sich, die Dienste der Betrüger in Anspruch zu nehmen. Er beauftragt sie, ihm ein königliches Gewand aus diesem magischen Stoff zu weben, das er bei einer bevorstehenden Parade tragen will. Obwohl die Betrüger kein Gewebe weben, tun sie so, als würden sie hart arbeiten, und stellen sicher, dass der Kaiser und seine Diener davon überzeugt sind, dass das unsichtbare Gewebe wunderbar sei.

Als der Tag der Parade kommt, kleiden die Betrüger den Kaiser in seine angeblichen unsichtbaren Kleider. Der Kaiser, der die Gewandung nicht sehen kann, gibt vor, die prächtigen Gewänder zu bewundern, aus Angst, als dumm oder unwürdig entlarvt zu werden. Seine Diener, ebenfalls überzeugt von der Lüge, spielen mit und bewundern die Kleidung des Kaisers, obwohl sie diese ebenfalls nicht sehen können.

Die Parade beginnt, und der Kaiser schreitet stolz durch die Straßen seiner Stadt. Die Menschen, die von den Betrügern gehört haben und glauben, dass nur kluge Menschen die Kleider sehen können, tun so, als ob sie die wunderschöne Kleidung bewundern. Doch plötzlich bricht ein kleiner Junge aus der Menge aus und ruft: »Aber er hat doch gar nichts an!«

Die Menschen verstummen, als sie erkennen, dass der Junge die Wahrheit sagt. Bald verbreiten sich das Murmeln und Lachen durch die Menge, als sie erkennen, dass der Kaiser tatsächlich nackt ist. Der Kaiser begreift die Wahrheit der Worte des Kindes und fühlt sich gedemütigt und lächerlich gemacht. Doch anstatt sich zu ärgern, nimmt er die Lektion an und kehrt demütig in sein Schloss zurück.

Das Märchen hält uns vor Augen, wozu Leichtgläubigkeit, blindes Vertrauen und Gruppendruck führen können. Es kritisiert auch die unkritische und devote Akzeptanz vermeintlicher Autoritäten und Experten. *Des Kaisers neue Kleider* zeigt sehr deutlich, dass wir das Handeln von Ratgebern, Gelehrten und unser eigenes Handeln immer kritisch hinterfragen und bei geringsten Zweifeln Widerstand zeigen sollten. Oftmals geben wir zu schnell nach, weil wir glauben, dass wir uns lächerlich machen, wenn wir anerkannten, kompetenten Persönlichkeiten widersprechen. Aber gerade diese Zweifel sind die innere Stimme, die uns vor Betrug und, im schlimmsten Fall, Schicksalsschlägen bewahrt. Die Geschichte endet damit, dass der Kaiser und seine Diener die Lektion gelernt haben, dass Eitelkeit und Überheblichkeit sie nur dazu führen können, betrogen zu werden. Sie erkennen, dass wahre Größe darin liegt, ehrlich und bescheiden zu sein, und dass die Meinung anderer Menschen nicht immer das Wichtigste und Bessere ist. Diese Geschichte fordert uns alle auf, nicht blind der Masse zu folgen, sondern für unsere Meinungen und Überzeugungen einzustehen. Mit Zivilcourage können wir unser Leben und unsere Menschenwürde schützen. Versuchen wir also, in Demut und Bescheidenheit zu leben, ohne uns von äußerem Schein blenden zu lassen.

Der Fischer und seine Frau

Ein Fischer lebt mit seiner Frau in einem kleinen Häuschen am Meer. Ihr bescheidenes Leben wird durch die tägliche Fischerei des Mannes bestritten, der jeden Tag sein Netz auswirft, um Fische für ihr Abendessen zu fangen. Es ist ein hartes Leben, aber sie sind zufrieden damit und miteinander. Eines Tages wirft der Fischer sein Netz aus und fängt einen besonderen Fisch, der zu ihm spricht und um sein Leben bittet. Der Fischer, der von Natur aus freundlich und mitfühlend ist, lässt den Fisch frei und kehrt nach Hause zurück, um seiner Frau von diesem ungewöhnlichen Ereignis zu berichten. Als die Frau vom Fang des Fisches erfährt, beginnt sie, von Reichtum und Ansehen zu träumen. Sie drängt ihren Mann, zurückzugehen und von dem Fisch zu verlangen, ihnen als Belohnung im Tausch gegen seine Freiheit ein kleines Häuschen zu gewähren. Obwohl der Fischer zögerlich ist, bittet er den Fisch um diesen Wunsch, und er wird erfüllt. Doch die Frau ist nicht zufrieden mit dem kleinen Häuschen. Sie drängt ihren Mann, immer mehr zu verlangen. Bald darauf will sie ein größeres Haus, dann ein Schloss und schließlich möchte sie Königin, Kaiserin und Päpstin sein. Jedes Mal, wenn der Fischer zum Meer geht und seine Wünsche äußert, werden sie vom Fisch erfüllt. Doch je mehr die Frau erhält, desto unzufriedener wird sie. Als sie schließlich fordert, wie der liebe Gott zu werden, wird sie wieder zurück in die armselige Hütte versetzt.

Das Märchen verdeutlicht, wohin es führen kann, wenn man immer höher hinaus möchte und niemals mit seiner persönlichen Situation zufrieden ist. In Zeiten, in denen uneingeschränkte Selbstverwirklichung, stetiger materieller Aufstieg und grenzenlose Karriere im Beruf als Ideale gelebt werden, vergessen viele Menschen, ihr Lebensglück und den Sinn ihres Daseins zu finden. Gier und Maßlosigkeit sind üble Gesellen des Lebens, die immer wieder anklopfen, um Menschen zu prüfen. Die Frau des Fischers entwickelt eine unersättliche, zerstörerische Gier nach Macht und Reichtum. Sie schafft es nicht mehr, der stetigen Versuchung eine Grenze zu setzen. Lebensglück und Zufriedenheit findet sie nicht. Nachdem sie durch göttliche Strafe in ihre ursprüngliche Armut zurückversetzt worden ist, erkennt sie die Bedeutung von Bescheidenheit, Dankbarkeit und Zufriedenheit. Sie und ihr Mann kehren zu ihrem einfachen Leben am Meer zurück, dankbar für das, was sie haben, und bereit, sich mit ihrem Schicksal zu versöhnen.

Die Bremer Stadtmusikanten

Ein Esel, ein Hund, eine Katze und ein Hahn, die aufgrund ihres Alters und ihrer Nutzlosigkeit getötet werden sollen, treffen sich zufällig und beschließen, gemeinsam in die Stadt Bremen zu ziehen, um dort als Stadtmusikanten zu leben. Sie beschließen, gemeinsam zu reisen, um sich gegenseitig zu helfen und gemeinsam ein besseres Leben zu suchen.

Auf ihrem Weg finden die Tiere einen Wald, in dem sie übernachten wollen. Dabei entdecken sie ein stattliches Räuberhaus, in dem die Räuber ein köstliches Abendmahl genießen. Die Tiere beschließen, die Räuber zu vertreiben. Sie bilden eine Pyramide, indem sich der Esel mit seinen Vorderbeinen auf dem Fensterbrett abstützt, der Hund sich auf dessen Rücken stellt, die Katze auf den Hund springt und der Hahn sich auf den Kopf der Katze setzt. Gemeinsam veranstalten sie nun einen Höllenlärm: Der Esel wiehert, der Hund bellt, die Katze miaut und der Hahn kräht aus vollen Kräften. Völlig verängstigt flüchten die Räuber für immer aus dem Haus, und die vier Gesellen speisen fröhlich an der gedeckten Tafel. Den Tieren gefällt es in dem Haus so gut, dass sie beschließen, gemeinsam dort für immer zu wohnen.

Das Märchen *Die Bremer Stadtmusikanten* lehrt uns die Bedeutung von Zusammenhalt, Freundschaft und gegenseitiger Unterstützung. Es zeigt, dass selbst in hoffnungslosen und verzweifelten Situationen oder Zeiten der Not gemeinsame Anstrengung und Solidarität uns helfen können, sich aus einer Misere zu befreien und wieder Glück und Erfüllung zu finden. Zusammenarbeit und gegenseitige Unterstützung überwinden Hindernisse und helfen uns dabei, unsere Träume zu verwirklichen. Hoffnung und Optimismus inspirieren uns, scheinbar unerreichbare Ziele doch zu verwirklichen.

Die drei Glückskinder

Ein Vater spürt seinen nahen Tod und verteilt sein Erbe an die Söhne: Einer bekommt einen Hahn, einer eine Sense und der dritte eine Katze. Dazu gibt er ihnen den Rat, sich mit dem jeweiligen Erbstück ein Land zu suchen, in dem diese Dinge noch völlig unbekannt sind. Auf diese Weise würden sie sicher ihr Glück machen.

Nach dem Tod des Vaters zieht der Älteste mit dem Hahn los und muss natürlich lange wandern, bis er an einen Ort kommt, wo Hähne noch gänzlich unbekannt sind. Schließlich erreicht er eine Insel, und die dortige Bevölkerung ist begeistert von der Fähigkeit des Hahns, ihnen mit seinem Krähen die rechte Zeit zu verkünden. Sie wollen das Wundertier unbedingt behalten und geben dem Fremden dafür so viel Gold, wie ein Esel zu tragen vermag.

Motiviert von dem Erfolg seines Bruders, zieht der zweite Sohn los, um sein Glück zu finden. Nach langem Wandern kommt er auf eine Insel, deren Bewohner zwar Ackerbau betreiben, aber noch nie zuvor eine Sense gesehen haben. Als der Fremde ihnen vorführt, wie schnell und mühelos er damit das Korn mäht, kaufen sie ihm diese für eine große Menge Gold ab – so viel, wie ein Pferd wegtragen kann.

Nun will auch der dritte Sohn zusehen, dass er seine Katze zu Gold machen kann. Schließlich erreicht er nach langem Suchen eine Insel, deren Bevölkerung sich mit einer unerträglichen Mäuseplage herumschlagen muss und wo niemand zuvor eine Katze gesehen hat. Da lässt er seine Katze ihre Jagd nach den kleinen grauen Vierbeinern beginnen, und im Nu sind große Bereiche von den Mäusen befreit. Daraufhin bitten die Einwohner den König, das fabelhafte Tier für das Reich zu kaufen. Der ist gerne bereit, für die Katze so viel Gold zu zahlen, wie ein Maultier forttragen kann. So kommt auch der dritte Sohn als reicher Mann nach Hause. Mit der Katze jedoch hat es ein Nachspiel. Als die Katze vom vielen Jagen sehr durstig wird, schreit sie ohrenbetäubend: »Miau, miau!«. Der König und sein Umfeld erschrecken vor diesem unerträglichen Geschrei, flüchten aus dem Schloss und legen es mit Kanonen in Schutt und Asche, um sich des Tieres zu entledigen. Die Katze jedoch kann sich beizeiten durch einen geschickten Sprung durch ein Fenster in Sicherheit bringen.

Das Märchen zeigt uns, dass wir durch harte Arbeit und Fleiß alles erreichen können, wenn wir den Ehrgeiz dazu haben. Die Herkunft und scheinbare Aussichtslosigkeit ist völlig unerheblich. Oftmals müssen wir Rückschläge überwinden und vieles scheint hoffnungslos. Halten wir durch und geben nicht auf, verlieren wir nicht den Glauben an uns, wird sich das Glück früher oder später einstellen. Empfinden wir unser Leben als Märchen, erkennen wir die Wunder, die es für uns bereithält, dann werden wir ein reiches Leben führen. Das muss kein materieller Reichtum sein, sondern das Gefühl, seine Bestimmung für diese Welt zu leben, seine Talente zu erkennen und zu verwirklichen, dann wird man wahren Reichtum, wahres Glück kennenlernen. Um nichts auf der Welt wird man dann mit einer anderen Person tauschen wollen. Die jüngeren Brüder lernen von dem Verhalten des Älteren, ahmen es nach und werden erfolgreich – eine ganz normale Situation in der menschlichen Reifung. Statt neidisch auf ihn herabzuschauen, als er mit einem Vermögen nach Hause kommt, gehen sie konstruktiv mit dieser Erfahrung um und tun es ihm gleich. Der Älteste liefert ihnen eine wunderbare Lernvorlage, anhand derer sich die Jüngeren weiterentwickeln können. So soll es in unserem Leben sein: Statt Neid zu entwickeln, sollen die Menschen sich ein Beispiel am Erfolgreichen nehmen, dann profitieren alle von ihrem eigenen Tun.

Du hast nun bereits die Magie der Rauhnächte und den Zauber der Märchen kennengelernt. Die folgenden Kapitel enthalten viele wunderbare Tipps und Anregungen, wie man die Rauhnächte mit den Kindern gestalten kann, bevor das letzte Kapitel dann die zwölf magischen Nächte ausführlich beschreibt. Ich wünsche euch viele magische Momente dabei.

KAPITEL 3

SPEISEN UND TRÜNKE FÜR DIE GEHEIMNISVOLLEN ZWÖLF NÄCHTE

Teig wird geknetet, Plätzchen werden fröhlich ausgestochen und es duftet himmlisch nach Vanille, Zimt und Kardamom. Kleine Kinderhände greifen heimlich in die Teigschüssel und im Ofen backen lustig bunte Plätzchen – das Backen mit Kindern gehört zu den schönsten Traditionen in der Adventszeit und natürlich auch während der Rauhnächte. Die Kleinen lieben alles, was Spaß macht und vor allem lecker schmeckt.

In den geheimnisvollen Nächten spielen süßes Julgebäck, orientalische Spezereien und genüssliche Zaubertränke schon seit Jahrhunderten eine große Rolle. Während der Rauhnächte war es bei unseren Vorfahren üblich, Wotan und die Wilde Jagd und auch Frau Holle gütlich zu stimmen, indem man ihnen Speisen als Opfer darbrachte. Oft wurde Gebäck oder ein Teil des Festessens vor die Haustüre gestellt oder unter den Obstbäumen im Garten platziert. Die Anfänge der bei uns bekannten wundervollen Weihnachtsbäckerei reichen zurück bis in die Antike, in der man bereits mit Honig gesüßte Kuchen kannte. Im frühen Mittelalter wurde in Klöstern köstliche Honigkuchen hergestellt und als gesundes und lange haltbares Gebäck geschätzt. Über die großen Handelsstraßen, die sich in Städten wie Augsburg, Nürnberg, Köln und Lübeck kreuzten, kamen kostbare Gewürze und Aromastoffe aus fernen Ländern nach Europa, die wir auch heute noch gerne vor allem in der Weihnachtsbäckerei einsetzen.

Rauhnachtsbäckerei für Kinder

Ab dem ersten Advent verwandeln Großeltern, Eltern und Kinder die festliche Backstube in ein zaubervoll duftendes Paradies. Würziges Gebäck in Form von Sternen und Brotlaibe erinnern an die heidnischen Fruchtbarkeitskulte unserer Ahnen, die damit ihre Hoffnung auf ein neues, erntereiches Jahr ohne Hunger und Not nährten.

Elisenlebkuchen nach altem Nürnberger Rezept

Schon viertausend Jahre vor unserer Zeitrechnung gab es im Land der Pharaonen süße Fladen, die zu sakralen Festen gerne verspeist wurden. Damals dienten sie der Vertreibung von Dämonen, als Opferspeise für die edlen Götter und Grabbeigabe für die langen Reisen ins Jenseits, da sie sehr haltbar und kräftigend waren. Die vielen Mandeln und Nüsse in den Kuchen waren eine typische Beigabe als Zeichen für ein Gebäck, das sinnbildlich für Tod und Auferstehung stand.

Über Griechenland und das Römische Reich gelangten diese Leckereien nach Europa, wo die Mönche sie in den klösterlichen Küchen herstellten und in ihren Apotheken als heilende Nahrungsmittel und Arzneimittel feilboten. Mittelalterliche Handelsstraßen liefen in Nürnberg zusammen, und so entwickelte sich die Stadt als Umschlagplatz für exotische Gewürze, die damals unter dem Überbegriff »Pfeffer« gehandelt wurden. Alle Kuchen, die damals mit den orientalischen Gewürzen hergestellt wurden, nannte man daher Pfefferkuchen.

ZUTATEN

- 200 g Zitronat
- 200 g Orangeat
- 6 Eier
- 180 g brauner Zucker
- 2 EL Honig
- 30 g Lebkuchengewürz
- 250 g Haselnüsse, gemahlen
- 250 g Mandeln, gemahlen
- runde Backoblaten

ZUM VERZIEREN

- 100 g Schokoladenkuvertüre
- 100 g Puderzucker
- 1–2 EL Zitronensaft
- geschälte und halbierte Mandelkerne

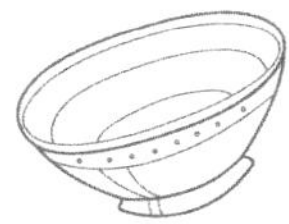

ZUBEREITUNG

1. Das Zitronat und Orangeat fein hacken.
2. Die Eier mit dem Zucker und dem Honig gut 4–5 Minuten schaumig schlagen.
3. Danach alle anderen Zutaten für den Teig hinzufügen und alles zusammen zu einem homogenen Teig verrühren.
4. Ein Backblech mit Backpapier auslegen und darauf die Oblaten verteilen. Jede Oblate mit etwa 60 Gramm Teig bestreichen. Zum Rand hin den Teig etwas abflachen. 3–4 Stunden trocknen lassen.
5. Danach den Backofen auf 150 °C Ober-/Unterhitze vorheizen und die Lebkuchen Blech für Blech auf der mittleren Schiene etwa 20 Minuten backen.
6. Das fertige Gebäck auf einem Kuchengitter auslegen.
7. Die Kuvertüre im Wasserbad schmelzen und etwas abkühlen lassen. Den Puderzucker mit Zitronensaft zu einem Guss anrühren.
8. Die noch lauwarmen Lebkuchen zur Hälfte mit der Kuvertüre und zur anderen Hälfte mit dem Puderzuckerguss bestreichen und mit den halbierten Mandelkernen verzieren.

Energie-Rauhnachts-Balls – Energieshot für zwischendurch

Ob als gesunde Alternative für den kleinen Hunger zwischendurch, als süßer Snack oder Stärkung bei Wanderungen durch die winterliche Natur – Energy Balls gehen immer und sind im Nu selbst gemacht. Energy Balls kennt man auch als Energiekugeln oder Bliss Balls. Letzteres leitet sich vom englischen Begriff »bliss« (Glückseligkeit, Wonne) ab. Und glücklich machen die köstlichen Bällchen tatsächlich, zaubern sie doch beim Verspeisen ein verschmitztes Lächeln in unser Gesicht. Mit ein paar Zutaten wird daraus echte Nervennahrung, die guttut, Kraft und auch Ruhe spendet.

ZUTATEN

- 30 g Erdnusskerne, salzig
- 90 g Haselnüsse, geröstet
- 90 g Datteln
- 1 TL Kakaonibs
- 1 TL Honig

ZUM VERZIEREN

- Kakaopulver, Kokosraspel, gehackte Nüsse oder getrocknete und zerkleinerte Wildblüten

ZUBEREITUNG

1. Alle Zutaten in einem Multizerkleinerer fein hacken, bis eine geschmeidige Masse entsteht.
2. Dann die Masse zwischen den Fingern zu kleinen Kügelchen mit circa 1,5–2 cm Durchmesser rollen.

Wenn gewünscht, können die Bällchen nun noch in Kakaopulver, Kokosraspeln, gehackten Nüssen oder getrockneten und zerkleinerten Wildblüten gerollt werden.

Süße Neujahrsbrezel – Unendlichkeit schmecken

Die Neujahrsbrezeln symbolisieren den bevorstehenden Jahreslauf und beschwören, dass sich auch im neuen Jahr alles rund fügen möge. Die magische Wirkung der Brezel beruht darauf, dass sie weder Anfang noch Ende hat und somit Ewigkeit, Einheit, Festigkeit, Geschlossenheit, Freundschaft und Verbundenheit einer Gemeinschaft signalisiert. Anfang und Ende fallen zusammen, keiner vermag zu bestimmen, wo der Anfang, wo das Ende ist.

Seit frühester Zeit werden der Brezel mystische und geheime Kräfte zugeschrieben. Sie gilt als Zeichen für ein harmonisches Jahr, als Glücksbringer und soll vor Krankheit, Unglück und Hunger schützen. Deshalb wird sie gerne am Neujahrsmorgen verschenkt und gemeinsam verzehrt. Sie versinnbildlicht zudem nicht nur Verbundenheit mit den Beschenkten, sondern auch mit den Nutztieren, an die die Reste des Gebäcks früher verfüttert wurden. Ferner sollten Teile des heiligen Gebäcks auf den Feldern vergraben werden, um der Fruchtbarkeitsgöttin Speisen für eine reiche Ernte zu widmen. So verschafften sich unsere Ahnen Vertrauen in den bevorstehenden Kreislauf des Jahres, der sie oft vor kaum lösbare Herausforderungen stellte, da die Naturgewalten, wie Stürme, harte und lange Winter mit geschlossener Eisdecke bis in den frühen Sommer hinein, sie mit Hunger und Tod konfrontierten.

Ursprünglich wurde die Brezel als Brot in Form eines Ringes bei kultischen Zeremonien im Altertum verspeist, mit dem die ersten Christen das Abendmahl feierten. Sie verhieß Gesundheit, ein langes Leben und eine üppig gedeckte Tafel im gesamten Jahr.

ZUTATEN

- 1 Würfel frische Hefe (42 g)
- 250 ml Milch, lauwarm
- 500 g Weizenmehl
- 100 g Zucker
- 100 g Butter, weich
- 1 Prise Salz
- 1 Ei
- ½ TL Zitronenschalenabrieb
- 1 Eigelb und 2 EL Milch zum Bestreichen

ZUBEREITUNG

1. Die Hefe in der lauwarmen Milch auflösen.
2. Das Mehl in eine Schüssel sieben und die Hefemilch, den Zucker, die Butter, das Salz, das Ei und den Zitronenschalenabrieb hineingeben. Alle Zutaten mit dem Knethaken zu einem geschmeidigen Teig verarbeiten. Diesen mit einem Küchentuch abdecken und an einem warmen Ort so lange aufgehen lassen, bis sich der Teig sichtbar verdoppelt hat, mindestens 30 Minuten.
3. Ein Backblech mit Backpapier auslegen.
4. Nun kann die Brezel geformt werden. Dazu circa ein Drittel des Teigs abnehmen und beiseitelegen. Den restlichen Teig zu einer langen Rolle formen, die in der Mitte dicker sein sollte und an den Enden dünner ausläuft. Auf dem Backblech die Rolle zu einer Brezel formen, dabei werden die Teigenden übereinandergeschlagen und am Teig befestigt. Den beiseite gelegten Teig dritteln und diese Drittel jeweils zu einer Rolle formen. Aus den drei Rollen einen Zopf flechten. Die Brezel am oberen, runden Teil mit etwas Wasser befeuchten, den Zopf darauflegen und leicht andrücken. Die Brezel nochmals circa 30 Minuten ruhen lassen.
5. Anschließend den Backofen auf 170 °C Ober-/Unterhitze vorheizen. Das Eigelb mit der Milch verrühren und die Brezel mit der Eigelb-Milch-Mischung bestreichen.
6. Die Brezel circa 30 Minuten goldgelb backen. Danach die Brezel mit dem Backpapier auf ein Kuchengitter ziehen und abkühlen lassen.

Marzipan – Leckerbissen aus dem Orient

Die Geschichte des Marzipans ist geheimnisvoll. Die süße Köstlichkeit wurde ursprünglich im Orient, vermutlich in Persien, entdeckt, wo sie angeblich den Haremsdamen gereicht wurde, die von diesen edlen Genusshappen nicht genug bekommen konnten. Der Legende nach soll es dort nach einer Hungersnot erfunden worden sein, als es nur noch Zucker und Mandeln in den Vorratslagern gab.

Im Mittelalter drangen die Araber nach Europa vor und brachten diese wunderbare Leckerei mit, die später in Lübeck und Nürnberg verfeinert wurde. Die Popularität des Marzipans begann in Europa als Arzneimittel gegen Verstopfungen, Blähungen und als Potenzmittel. Daher war es nur in Apotheken erhältlich und wurde wegen der hohen Rohstoffpreise allein beim gehobenen europäischen Adel konsumiert. Im 19. Jahrhundert kam es der breiten Bevölkerung zugute, nachdem der notwendige Zucker zu günstigen Preisen aus dem Eigenanbau von Zuckerrüben gewonnen worden war und die Mandeln aus Übersee zu geringeren Rohstoffpreisen geliefert werden konnten.

ZUTATEN

- 500 g süße Mandeln
- 5 Bittermandeln, aus der Apotheke
- 500 g Puderzucker
- 50 ml Rosenwasser
- optional: 70 g Kakaopulver

ZUBEREITUNG

1. Die süßen und die bitteren Mandeln mit kochend heißem Wasser überbrühen, 10 Minuten ziehen lassen und dann häuten.
2. Die Mandeln abkühlen lassen und dann zusammen mit dem Puderzucker in einen Mixer geben und auf höchster Stufe fein

mixen. Alles zusammendrücken und erneut mixen. Durch das Pressen der Mandeln tritt Öl aus, das durch den Puderzucker sofort aufgesaugt wird. Deshalb ist es wichtig, den Zucker zusammen mit den Mandeln im Mixer zu zerkleinern.

3. Die Masse mit etwas Rosenwasser durchkneten und zu kleinen Kugeln formen. Wenn gewünscht, können die Kugeln noch feucht in Kakaopulver gewälzt werden.
4. Das Marzipan in Blechdosen schichten und dabei zwischen den einzelnen Lagen Pergamentpapier geben, damit die Kugeln nicht zusammenkleben.

TIPP

Wenn du keine Bittermandeln bekommst, kannst du stattdessen auch 5 Tropfen Bittermandelöl in die Masse geben.

Rauhnachtstrünke für Kinder

In den zwölf magischen Nächten dürfen ganz besondere Getränke natürlich auch nicht fehlen. Ob auf dem Weihnachtsmarkt, nach einer Schneeballschlacht oder bei einem gemütlichen Spielenachmittag zu Hause mit Freunden: Heiße Getränke gehören zu dieser mystischen Zeit wie der Rauschebart zum Nikolaus. Sie wärmen von innen, sorgen für Behaglichkeit und versüßen die magischen Wintertage. Besonders beliebt sind heiße Schokolade oder Apfelpunsch. Zimmerwarme Smoothies gehören mittlerweile auch zu den Lieblingsgetränken unserer Kleinen, deswegen lernt ihr einen zaubervollen Fichtennadel-Smoothie kennen – geheimnisvoll, magisch und lecker.

Heiße Schokolade – süßer Winterzauber

Nachdem Schokolade in der frühen Neuzeit aus Südamerika ins Abendland gelangt war, empfand man sie zunächst als bitter und sah sie daher als Medizin. Zudem war Kakao teuer. Daher fand das neuartige Heißgetränk eher in fürstlichen Kreisen Verbreitung. An den Fürstenhöfen des 18. Jahrhunderts war das exotische Getränk heiß begehrt, wurde aber gesüßt genossen – so auch am Mannheimer Hof. Dort konnte Kurfürst Carl Theodor (1724–1799) der heißen Schokolade nicht widerstehen. Im 18. Jahrhundert war das Getränk ein großer Luxus und wurde nur aus kostbaren Porzellantassen genossen.

Ob Groß oder Klein – jeder liebt heute heiße Schokolade mit feinen Gewürzen oder Zucker. Nach Belieben kann dieses Rezept für Erwachsene auch mit einem Schuss Rum verfeinert werden.

ZUTATEN

- 100 g Zartbitterschokolade
- 100 g Vollmilchschokolade
- 700 ml Milch
- 1 Päckchen Bourbonvanillezucker
- 1 TL Zimt, gemahlen
- 1 Prise Salz

NACH WUNSCH ZUSÄTZLICH

- 100 g Marshmallows
- etwas Kakaopulver zum Bestreuen

ZUBEREITUNG

1. Beide Schokoladensorten sehr fein hacken.
2. Die Milch in einem Topf erhitzen, aber nicht kochen lassen. Dann den Topf vom Herd nehmen und die Schokolade unter Rühren darin schmelzen lassen. Die restlichen Zutaten zufügen, die Schokolade erneut erhitzen, kurz aufschäumen und heiß in Gläser oder Tassen gießen.
3. Die Marshmallows auf die heiße Schokolade geben und mit Kakao bestreut servieren.

TIPP

Für die Zubereitung der heißen Schokolade eignet sich auch prima Soja-, Mandel- oder Haferdrink.

Marshmallow-Schneemänner für heiße Schokolade

Die Geschichte der Marshmallows reicht weit zurück und ist von zahlreichen kulturellen Einflüssen geprägt. Ursprünglich wurden Marshmallows aus der Wurzel der Eibischpflanze hergestellt und hatten eine medizinische Verwendung. Im Laufe der Zeit entwickelte sich jedoch die moderne Version der Marshmallows, die wir heute kennen und lieben. Die industrielle Herstellung von Marshmallows begann im 19. Jahrhundert in den USA, und seitdem haben sich diese fluffigen Leckereien zu einem festen Bestandteil der Süßwarenindustrie entwickelt.

Sobald der Schnee reichlich fällt, taucht er auf: der Schneemann – Wintergeist und Kinderfreund zugleich. Erstmals im 16. Jahrhundert trat der weiße Geselle als personifizierter Winter auf. Damals schuf der italienische Künstler Michelangelo eine Skulptur dieses freundlichen Winterwesens und der berühmte Schriftsteller Shakespeare verewigte ihn in seinem Drama *König Richard II.* Heute ist er ein Megastar und weltweit populär. Selbst dort, wo er mangels Schnee noch nie aufgetreten ist, kennt man ihn bereits. Mit seinem sympathischen Wesen eroberte er die Welt, und weil Alt und Jung mit ihm positive Erfahrungen und Erinnerungen an die magische Zauberwelt des Winters verbinden, gibt es seit 2010 den Weltschneemann-Tag, der jährlich am 18. Januar gefeiert wird.

ZUTATEN FÜR 6 MARSHMALLOW-SCHNEEMÄNNER

- 18 Marshmallows
- 6 Holzspieße
- 12 Salzstangen
- schwarze Zuckerschrift
- 6 Zuckerperlen

ZUBEREITUNG

1. Je 3 Marshmallows übereinanderlegen und mit einem Holzspieß in der Mitte verbinden.
2. Die Salzstangen jeweils in 2 gleich große Teile brechen. 2 Hälften als Arme seitlich in den mittleren Marshmallow und 2 Hälften als Beine in den unteren Marshmallow stecken.
3. Mit Zuckerschrift auf den oberen Marshmallow Augen und Mund und auf den mittleren Knöpfe malen und eine Zuckerperle als Nase fixieren.

Die Marshmallow-Schneemänner in Tassen mit heißer Schokolade setzen.

Winterapfelpunsch aus den Bergen (alkoholfrei)

Die Ursprünge dieses im Original alkoholhaltigen Heißgetränks gehen bis in die Antike zurück, wo bereits heißer, mit Honig versetzter Wein genossen wurde. Als Gewürzwein gelangte er allerdings erst im 17. Jahrhundert von Indien nach Europa. Englische Seefahrer brachten das Getränk in ihre Heimat, von wo es schon bald nach Deutschland gelangte. Der englische Schriftsteller und Schöpfer von *Eine Weihnachtsgeschichte*, Charles Dickens, erfand sogar ein eigenes Punschrezept. Das britische Königshaus schätzte das Punschgetränk ebenso wie die US-Präsidenten George Washington oder Thomas Jefferson. Und auch Wolfgang Amadeus Mozart soll ihn auf seiner Englandreise 1764 lieben gelernt haben. Heute genießen wir mit Kindern alkoholfreie Rezepte, deren Geschmack ebenso wundervoll ist.

ZUTATEN

- 15 Äpfel
- Quellwasser
- 150 g Zucker
- 6 Zimtstangen
- 3 Sternanis
- 2 Kardamomkapseln, zerdrückt
- Zitronen- oder Limettenscheiben, alternativ Apfelscheiben zum Garnieren

ZUBEREITUNG

1. Die Äpfel waschen, entkernen, in Scheiben schneiden und mit Schalen in einen Topf geben. So viel Wasser zugießen, dass die Früchte überdeckt sind.
2. Zucker, Zimtstangen, Sternanis und Kardamom hinzugeben und circa 1 Stunde kochen lassen.
3. Danach die Zimtstangen und den Sternanis wieder entnehmen und den restlichen Topfinhalt pürieren. Durch ein feines Sieb in einen feuerfesten Topf füllen. Eventuell mit heißem Wasser verdünnen, falls die Masse zu dickflüssig ist.

Mit Zitronen-, Limetten- oder Apfelscheiben garniert in Gläsern servieren.

Fichtennadel-Smoothie – frisches Grün aus dem Winterwald

Im Pflanzenreich herrscht Winterruhe, alles schläft ... fast alles. Eine Gruppe unter den Bäumen ist nämlich nach wie vor wach – es sind die Nadelgehölze: Fichten, Tannen, Kiefern. Ihr Duft und Geschmack haben eine beruhigende Wirkung auf unser Gemüt, weshalb sie bereits seit der Antike als Heilmittel eingesetzt werden. So sind ihre ätherischen Öle wahre Booster für unser Immunsystem.

Im Fichtennadel-Smoothie schmecken wir unsere Verbundenheit zur Natur. Wir spüren uns als Teil der Natur, als Teil des Waldes und fühlen uns eins mit dem Geist des Kosmos. Kinder sind sehr feinfühlig und spüren das Wesen dieses heilenden und gleichzeitig köstlichen Waldgeschöpfs. Sie lernen beim Genuss dieses Zaubertrunks, wie sie ihre Seele öffnen und dabei mit dem Wesen der Fichte in Resonanz kommen.

ZUTATEN

- 2 TL frische Fichtennadeln
- 1 Banane
- 1 Apfel
- 300 ml Wasser
- 2 Datteln

ZUBEREITUNG

1. Die Fichtennadeln waschen und trocken schütteln. Die Banane schälen und in kleine Stücke brechen. Den Apfel waschen, entkernen und in Stücke schneiden.
2. Alle Zutaten in einen Standmixer (am besten einen schnellen mit 30 000 Umdrehungen pro Minute) geben und gut durchmixen, sodass die Nadeln pulverisiert werden.
3. Den Smoothie anschließend durch ein Teesieb laufen lassen, um mögliche Nadelteilchen herauszufiltern.

In Gläser füllen und sofort trinken.

Rauhnachtsspeisen

In den 70er-Jahren des letzten Jahrhunderts trat die schmackhafte italienische Pizza ihren Siegeszug durch Deutschland an und seitdem lieben unsere Kleinen verschiedenste Pizzavarianten. In Form von Weihnachtsbäumen, Sonnen, Monden und Sternen in Plätzchengröße findet die Pizza auch in den Rauhnächten und auf der festlichen Weihnachtstafel großen Anklang. Doch nicht nur Gebildebrot-Pizza, sondern auch weitere köstliche Rauhnachtsspeisen möchten von dir entdeckt und gekostet werden. Ein energiereiches Frühstück vor dem Schneespaziergang oder köstliche Snacks für den rauhnächtlichen Filmabend – mit witzigen kulinarischen Kreationen können sich kleine und große Köche gemeinsam die perfekten Gerichte für die magische Zeit zwischen den Jahren auf den Teller zaubern.

Gebildebrote – Pizza in Sonne-Mond-Sterne- oder Baumform

Gebildebrot, Sinn- oder Bildergebäck ist ein Brot oder Gebäck in Form von figürlichen Darstellungen, wie beispielsweise Brezeln und Symbolen, süße und salzige Teigwaren in Form von Pflanzen, Tieren und Himmelszeichen. Es sind Gebäcke, die zu religiösen oder traditionellen Anlässen in bestimmten Formen hergestellt und verzehrt wurden und bis heute traditionell in den Rauhnächten verspeist werden. Ursprünglich entstanden sie aus Opfergaben in vorchristlichen Zeiten und sollten den Menschen Gesundheit, Segen, Kraft, Fruchtbarkeit und Glück bringen. Deshalb werden sie auch bis heute als Glücksbringer verschenkt oder an der festlichen winterlichen Tafel verspeist. Die Verwendung von Sonne, Mond und Sternen als Symbole für Himmel und Erde, Licht und Dunkelheit sowie für Mystik und Spiritualität reicht bis in die frühesten menschlichen Zivilisationen zurück. Damals wurden diese Gestirne als Gottheiten verehrt und in rituellen Handlungen und Feiern gehuldigt.

ZUTATEN

- 150 g Crème fraîche
- 2 EL Tomatenmark
- Salz und Pfeffer zum Abschmecken
- ½ TL Oregano, getrocknet
- 75 g Möhren
- 150 g Paprikaschoten
- 200 g Zucchini
- 50 g frische Champignons
- 200 g Kirschtomaten
- 100 g gekochter Schinken
- etwas Mehl
- 450 fertiger Hefeteig
- 150 g Gouda

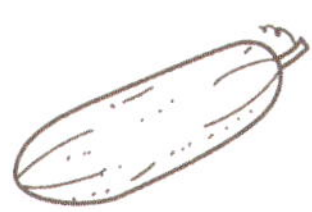

ZUBEREITUNG

1. Crème fraîche mit Tomatenmark, Salz, Pfeffer und Oregano verrühren.
2. Die Möhren putzen, waschen, schälen und raspeln. Die Paprikaschoten waschen, die Kerne und weiße Innenhäute entfernen und die Paprikaschote in kleine Würfel schneiden. Die Zucchini putzen, waschen und in kleine Würfel schneiden. Die Champignons putzen und in Scheiben schneiden. Die Kirschtomaten waschen und halbieren. Den gekochten Schinken in Würfel schneiden.
3. Den Backofen auf 220 °C Ober-/Unterhitze (Umluft 190 °C) vorheizen und zwei Backbleche mit Backpapier auslegen.
4. Auf einer mit Mehl bestreuten Arbeitsfläche den Teig ausrollen. Sonne, Mond und Sterne oder alternativ auch Weihnachtsbäume mit großen Plätzchenformen ausstechen. Die Reste des Teigs zusammenkneten, erneut ausrollen und weitere Teile daraus ausstechen.
5. Die Teigfiguren auf den beiden Backblechen verteilen. Mit der Tomatensoße bestreichen. Möhren, Paprika, Zucchini, Champignons, Kirschtomaten und Schinken darauf verteilen, dann mit dem Gouda bestreuen.
6. Im Backofen ca. 10 Minuten pro Blech nacheinander backen.

Hexen-Käse-Besen für Magiernächte

Der Hexenbesen gilt als eines der bekanntesten Sinnbilder in der Welt der Hexerei und Zauberei. Er symbolisierte die Fähigkeit der Hexen, Grenzen zu überschreiten, sowohl physisch als auch metaphorisch. Feinfühlige Menschenkinder egal welchen Alters können damit die Grenzen zwischen der normalen Welt und der übernatürlichen Welt überschreiten und so ihre übernatürlichen Fähigkeiten aktivieren und eine Verbindung zu spirituellen Welten knüpfen.

Der Besen gilt als Werkzeug zur Reinigung und Säuberung von negativen Energien und wird zum Schutz vor übel meinenden Kräften und zur energetischen Reinigung der Stube verwendet. So schafft er es, die Macht über das Böse zu gewinnen, Lebenskräfte zu stärken sowie die Intuition und Kreativität zu wecken. Als Zauberinstrument wird der Hexenbesen auch in magischen Ritualen und Zeremonien verwendet, um Energie zu kanalisieren sowie Absichten und Ziele zu manifestieren.

Als Leckerei weckt er die Fantasie der Kinder und bringt sie in Kontakt mit der Idee von anderen, geheimnis- und zaubervollen Wirklichkeiten. Spaß und ausgelassene Freude beim Verspeisen dieser Köstlichkeiten werden garantiert sein.

ZUTATEN FÜR 16 HEXENBESEN

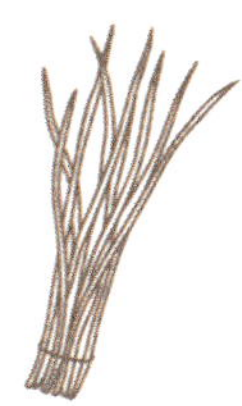

- 16 längliche Käsestücke der Lieblingssorte, z. B. Gouda
- ½ Bund Schnittlauch
- 16 Salzstangen

ZUBEREITUNG

1. Die Käsestücke an einem Ende zu etwa zwei Drittel so einschneiden, dass die Borsten des Besens erkennbar werden.
2. Den Schnittlauch waschen, in eine Schüssel legen und mit kochendem Wasser übergießen. Dann 5 Minuten ziehen lassen, damit er biegbar wird, und danach das Wasser abgießen.
3. Die Salzstangen an der nicht eingeschnittenen Seite in den Käse stecken.

Den Schnittlauch um den Käse wickeln und verknoten. Schon sind die Hexenbesen fertig.

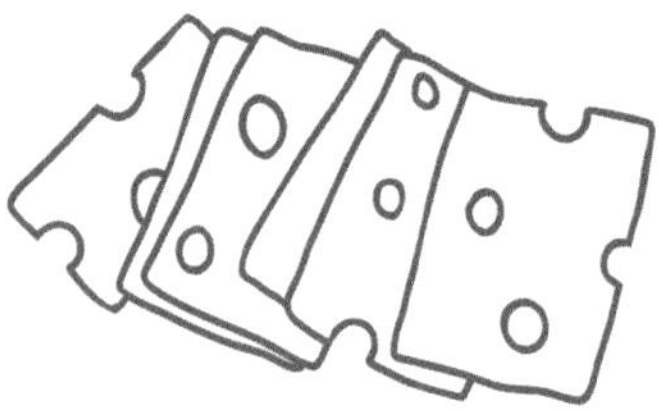

Magische Blätterteigkekse mit Käse

Dieser leckere Snack ist ein Blitzrezept für den kleinen Hunger. Im Handumdrehen sind die Kekse fertig, die ihr in ganz verschiedenen Formen ausstechen könnt: Sterne, Bäume oder auch Halbmonde eignen sich besonders gut. Diese köstlichen Kleinigkeiten bringen Kinderaugen zum Strahlen, und selbst das verwöhnteste Leckermäulchen wird verzaubert:

ZUTATEN

- 200 g Blätterteig
- 2 Eigelb
- 2 EL Milch
- 100 g Emmentaler, gerieben
- ½ TL Salz
- etwas Paprikapulver

ZUBEREITUNG

1. Den Backofen auf 200 °C Ober-/Unterhitze vorheizen und ein Backblech mit Backpapier auslegen.
2. Den Blätterteig aus der Verpackung nehmen, mit dem enthaltenen Backpapier entrollen und 15 Minuten ruhen lassen.
3. Die Eigelbe und die Milch in eine kleine Schüssel geben und verquirlen. Dann den Blätterteig damit bestreichen.
4. Den geriebenen Emmentaler mit etwas Salz und etwas Paprikapulver vermischen und gleichmäßig auf dem Teig verteilen.
5. Mit einem Plätzchen-Ausstecher Sterne, Bäume und/oder Halbmonde aus dem Teig stechen und auf das vorbereitete Backblech legen.
6. Das Backblech im vorgeheizten Backofen auf die mittlere Schiene schieben und die Käsemonde in etwa 10 Minuten goldgelb backen. Danach herausnehmen und auf einem Kuchengitter auskühlen lassen.

Wotans Fliegenpilze

Erinnert ihr euch noch an Wotans Fliegenpilze aus dem ersten Kapitel? Wie wäre es, wenn ihr sie für die nächste Party zubereitet – natürlich in einer köstlichen und völlig ungiftigen Form.

ZUTATEN

- 1 Päckchen Mini-Mozzarellakugeln
- Kirschtomaten (die Menge richtet sich nach der Anzahl der Mozzarellakugeln)
- Holzspieße
- Mayonnaise

ZUBEREITUNG

1. Die Mozzarellakugeln in ein Sieb gießen und abtropfen lassen, dabei zählen.
2. Pro Kugel wird eine halbe Kirschtomate benötigt. Die entsprechende Anzahl Kirschtomaten waschen, trocken tupfen und halbieren. Mit einem Teelöffel die Kerne herauslösen.
3. Auf jede Mozzarellakugel eine halbe Kirschtomate so setzen, dass sie wie ein Hut aussieht, und dies mit einem Holzstäbchen fixieren.

Auf jeden tomatigen Fliegenpilzkopf ein paar Tupfer Mayonnaise geben, und fertig sind die Fliegenpilze.

Wintervögelchen

Aus ganz wenigen und einfachen Zutaten kannst du für eine Rauhnachtsparty köstliche Wintervögelchen zaubern, die nicht nur hübsch anzusehen sind, sondern auch richtig lecker schmecken.

ZUTATEN FÜR 4 VÖGELCHEN

- 8 Eier
- 1 Möhre
- 2 Stiele Blattpetersilie

- Holzstäbchen
- 8 Schokotröpfchen oder braune Lebensmittelfarbe

ZUBEREITUNG

1. Die Eier in einem Topf mit kochendem Wasser 8–10 Minuten lang hart kochen. Dann die Eier mit einem Löffel aus dem Topf nehmen und unter kaltem Wasser abschrecken. Danach abkühlen lassen.
2. Die Möhre schälen und in 8 Scheiben schneiden. Aus der restlichen Möhre 4 Schnäbel schnitzen.
3. Die Blattpetersilie waschen, trocken schütteln und 8 große Blätter abzupfen.
4. Die Eier pellen.
5. Jeweils zwei Eier mit einem Holzstäbchen zusammenstecken, dabei sollte das untere Ei so stehen, dass der flache Rand unten ist, und das obere Ei so, dass der flache Rand oben ist.
6. Auf das Holzstäbchen oben jeweils zwei Möhrenscheiben als Hut setzen.
7. Die Möhrenschnäbel in die oberen Eihälften stecken und entweder jeweils zwei Schokotröpfchen als Augen platzieren oder mit der braunen Lebensmittelfarbe Augen auftupfen.
8. In die unteren Eihälften auf jede Seite ein Petersilienblatt als Flügelchen stecken.

Rentier-Porridge

Auch zum Frühstück darf es in den Rauhnächten etwas Besonderes geben. Denn wenn man den Tag mit einem magischen Porridge beginnt, das dank der Haferflocken viel Energie schenkt, ist man bestens für alle Aktivitäten eines wunderbaren Wintertags gerüstet.

ZUTATEN

- 50 g Haferflocken, nach Belieben zart oder kernig
- 150 ml Milch oder Haferdrink
- 1 Prise Salz
- 1 EL Mandelkerne
- 3 Erdbeeren und 2 Heidelbeeren
- 1 TL Ahornsirup
- 1 Msp. Zimt

ZUBEREITUNG

1. Die Haferflocken mit der Milch oder dem Haferdrink und dem Salz in einen Topf geben und unter Rühren aufkochen lassen. Dann vom Herd nehmen und circa 10 Minuten quellen lassen.
2. In der Zwischenzeit die Mandeln grob hacken.
3. Die Erdbeeren und Heidelbeeren waschen und trocken tupfen. Das Grün der Erdbeeren abschneiden und 2 Erdbeeren in dicke Scheiben schneiden, die dritte Erdbeere nicht schneiden.
4. Den Ahornsirup und den Zimt sowie die gehackten Mandeln in das Porridge rühren.
5. Das Porridge in eine Schüssel geben und die Heidelbeeren als Augen platzieren, die ganze Erdbeere als rote Rentiernase und die Erdbeerscheiben als Ohren und Hörner auf das Porridge legen.

TIPP

Im Winter sind frische Beeren manchmal Mangelware. Du kannst daher im Sommer frische Beeren im Ganzen einfrieren und dann portionsweise für das Frühstück auftauen.

Kapitel 4

Sprechende Tiere – geheimnisvolle Freunde der Kinder

Alten Überlieferungen zu Folge sollen um Mitternacht mancher Rauhnächte Tiere die menschliche Sprache sprechen, über die Zukunft erzählen und über Ereignisse im neuen Jahr berichten. Um diese Zeit ist der Vorhang zur Anderswelt besonders dünn, fast transparent und wir können Nachrichten empfangen, die uns im übrigen Jahr verschlossen bleiben. Es heißt, nur Menschen, die dafür einen Sinn haben, können die Botschaft auch verstehen.

Vor allem Haustieren und Tieren in Ställen werden eine intensive Sprech- und Weissagetätigkeit in dieser Zeit nachgesagt, daher soll das Lauschen zu Hause oder im bäuerlichen Stall um Mitternacht besonders geheimnisvoll und mystisch sein. Oft heißt es, dass nur Kinder sensibel genug seien, die Tiere sprechen zu hören, weil sie dies als ganz normal empfinden können: Die Hauskatze fragt: »Bitte, kannst du mich mal streicheln?«, und das Kind, sei es auch noch so klein, beginnt sogleich damit. Dafür wird es natürlich auch umgehend mit einer zaubervollen Erfahrung und dem Geschenk eines unvergesslichen und magischen Abenteuers belohnt, welche es sein Leben lang nicht mehr vergessen wird. So entsteht eine tiefe, magische Seelenverbundenheit, die Zuneigung und Sicherheit für einen glücklichen und erfolgreichen Lebensweg sprießen lässt.

In jahrhundertealten Märchen, Legenden und Sagen heißt es, dass jeder Mensch seine Tierhelfer hat, mit dem er verbunden ist. Bis heute ist dieser Umgang mit tierischen Schutzgeistern lebendig und besonders intensiv in der Zeit zwischen den Jahren. Ihre wilde, ursprüngliche Natur sind die Quelle eurer Inspiration. Blickt ihr in die Augen der Tiere, gelangt ihr in tiefe Verbindung mit deren Seele und empfangt Gefühle, die sich in zaubervolle Gedanken verwandeln, die über das Tier zu euch gelangen. Tiere haben Empfindungen, die sie euch mitteilen möchten. Kinder verfügen noch über ein unendlich hohes Potenzial an Offenheit, Neugierde und Vertrauen jedem und allem gegenüber. Daher betrachten sie Tiere als ihre gleichwertigen, tief verbundenen Geschwister und zeigen daher viel Einfühlungsvermögen und Verständnis für deren Seelen.

Jeder verfügt über mediale Fähigkeiten, die sich als Vorahnungen, Mitgefühl oder Intuition äußern. In der stillen Zeit am Ende eines Jahres sind außersinnliche Wahrnehmungen besonders stark ausgeprägt. Wenn wir in die Stille eintauchen, uns Zeit nehmen und uns in ein Tier hineinversetzen, dann können uns Welten von unendlicher Tiefe aufgehen. Den Geist der Tiere zu erleben, tut der Seele gut und es erzeugt harmonische und zaubervolle Schwingungen mit den tiefsten Schichten eures Unterbewusstseins.

Kinder können darauf vorbereitet werden, ihre Sinne zu schärfen und achtsam für ihre Umgebung zu sein. Indem sie lernen, still zu sein und zuzuhören, können sie sensibler für die feinen Nuancen der Natur werden.

Rituale und Zeremonien

In vielen Regionen gibt es spezielle Rituale und Zeremonien während der Rauhnächte, die darauf abzielen, die Verbindung zwischen Menschen und Natur zu vertiefen. Kinder können in diese Rituale einbezogen werden, um ein tieferes Verständnis für die spirituelle Dimension der Natur zu entwickeln.

Besonders beliebt ist ein Ritual, das nach folgender Erzählung durchgeführt wird:

In einem kleinen Dorf tief im Herzen eines Alpenwaldes gab es eine alte Legende, die von Generation zu Generation weitergegeben wurde. Es hieß, dass am Weihnachtsabend, wenn die Uhr Mitternacht schlägt, die Haustiere für kurze Zeit die menschliche Sprache verstehen und sprechen könnten. Doch nur Kinder, die ein reines Herz und eine tiefe Verbindung zu ihren Tieren haben, könnten diese magische Fähigkeit erleben. Dafür bereiteten sie ein Ritual vor, das sie nach folgenden Schritten praktizierten:

1. **Reinigen des Raumes**
   Die Kinder begannen damit, den Raum gründlich zu reinigen, zu lüften und einen Platz mit einem Kissen, Fell oder einigen grünen Zweigen von Fichte oder Tanne für ihre Haustiere vorzubereiten, an dem sie das Ritual durchführen wollten. Diese Vorbereitungen sorgten für gute Schwingungen und eine einladende, wohlwollende und sinnliche Atmosphäre.

   Kurz vor Mitternacht versammelten sich die Kinder mit ihren Haustieren und teilten ein einfaches, aber liebevoll zubereitetes Mahl. Dies bestand aus Brot, Milch und etwas Obst. Dazu entzündeten sie einige Kerzen, die die ganze Stube mit einer heimeligen Wärme durchdrang. In einem Räucherfass legten sie Fichtenharz, getrockneten Beifuß sowie Lavendelblüten auf glühende Kohle, und umgehend zogen duftendende Rauchschleier geheimnisvoll durch das Zimmer.

   Um Mitternacht sangen die Kinder gemeinsam ein Weihnachtslied. Die sanften Melodien füllten den Raum und schufen eine zaubervolle und mystische Atmosphäre.

2. **Der magische Moment**
   Sobald die letzte Note des Liedes verklungen war, schlossen die Kinder ihre Augen und flüsterten einen alten Zauberspruch, der seit Generationen weitergegeben wurde:

   »Heilige Nacht, bring uns Licht, lass uns hören, was das Herz verspricht.«

   In diesem Moment öffneten die Kinder ihre Augen und sahen, wie ihre Haustiere sie mit liebevollen und weisen Augen ansahen. Dann, zu ihrer großen Freude und Überraschung, begannen die Tiere sanft zu sprechen.

3. **Kommunikation mit den Tieren**
   Die Tiere sprachen mit sanften Stimmen und teilten ihre Gedanken und Gefühle mit den Kindern. Sie erzählten Erlebnisse aus ihrer Sicht, bedankten sich für die Fürsorge und gaben den

Kindern Ratschläge und Lebensweisheiten. Die Kinder lauschten aufmerksam, fühlten eine tiefe Verbindung und ein tieferes Verständnis für ihre tierischen Freunde.

4. **Abschluss des Rituals**
   Nachdem die Uhr eine Stunde geschlagen hatte, verstummten die Tiere allmählich und kehrten zu ihren normalen Stimmen zurück. Die Ki nder bedankten sich bei ihren Haustieren und löschten die Kerzen.

   Sie legten sich schlafen, erfüllt von der Magie und den Wundern des Weihnachtsabends, und träumten von den liebevollen Gesprächen, die sie geführt hatten.

Dieses Ritual wurde zu einer geliebten Tradition im Dorf und erinnerte alle daran, wie besonders und wertvoll die Bindung zwischen Mensch und Tier ist, vor allem in der magischen Zeit des Weihnachtsfestes.

Speisen für die Tiere zubereiten

Möchtet ihr auch in Kommunikation mit euren Haustieren oder den Wildtieren kommen, wie beispielsweise den Vögeln in eurem Garten, dann geht besonders liebevoll und achtsam mit ihnen um, ähnlich wie im gerade beschriebenen Ritual. Eure Tiere freuen sich natürlich, wenn ihr köstliche Leckereien für sie zubereitet, die ihr ihnen in gleicher Tradition schenkt.

Haustiere empfinden Freude und Aufregung, wenn sie Leckereien bekommen. Sie assoziieren diese Belohnungen mit tiefer Verbundenheit zu ihren Besitzern. Zusätzlich empfinden sie auch Neugier, Zufriedenheit und große Zuneigung, was großes Vertrauen aufbaut. Nachfolgend findet ihr besonders hoch geschätzte Kekse für Katzen und Hunde.

Thunfisch-Leckerlis für Katzen

Katzen lieben Thunfisch, daher kannst du deine Katze mit diesen Leckerlies ganz bestimmt erfreuen.

ZUTATEN

- 140 g Thunfisch in Wasser, ohne Öl oder Salz
- 1 Ei
- 120 g Haferflocken, gemahlen zu Mehl
- 1 EL Sonnenblumenöl
- 1 EL Katzenminze (optional)

ZUBEREITUNG

1. Den Backofen auf 180 °C Ober-/Unterhitze vorheizen und ein Backblech mit Backpapier auslegen.
2. Den Thunfisch abtropfen lassen und in eine Schüssel geben.
3. Das Ei hinzufügen und gut vermischen. Dann die gemahlenen Haferflocken, das Sonnenblumenöl und die Katzenminze hinzufügen und zu einem Teig verrühren. Wenn der Teig zu fest ist, noch 1–2 EL Wasser hinzugeben.
4. Den Teig auf einer bemehlten Fläche ausrollen und in kleine Stücke schneiden oder Formen ausstechen.
5. Die Leckerlis auf das Backblech legen und etwa 12–15 Minuten backen, bis sie goldbraun sind.
6. Dann auf einem Kuchengitter abkühlen lassen und in einem luftdichten Behälter aufbewahren.

Hausgemachte Hundekekse

Dass Hunde Leckerlies mögen, ist kein Geheimnis, denn sicher hast auch du für deinen Hund immer etwas zum Naschen zu Hause. Gönne ihm gerne einmal etwas Besonderes und backe selbst Kekse für ihn.

ZUTATEN

- 2 reife Bananen
- 120 g Erdnussbutter ohne Zucker und Salz
- 225 g Haferflocken

ZUBEREITUNG

1. Den Backofen auf 175 °C Ober-/Unterhitze vorheizen und ein Backblech mit Backpapier auslegen.
2. Die Bananen schälen in einer großen Schüssel mit einer Gabel zerdrücken. Die Erdnussbutter hinzufügen und gut verrühren, bis eine glatte Creme entsteht.
3. Die Haferflocken in einem Mixer zu Mehl mahlen. 1 EL des Hafermehls abnehmen, das restliche Hafermehl unter die Bananen-Erdnussbutter-Mischung rühren, bis ein gleichmäßiger Teig entsteht.
4. Die Arbeitsfläche mit dem zurückbehaltenen Hafermehl bestäuben und den Teig darauf ausrollen, bis er etwa 1 cm dick ist.
5. Mit einer Ausstechform oder einem Messer Kekse aus dem Teig schneiden und auf das vorbereitete Backblech legen.
6. Die Kekse im vorgeheizten Ofen etwa 15–20 Minuten backen, bis sie fest und leicht gebräunt sind. Danach die Kekse vollständig auf einem Kuchengitter abkühlen lassen. In einem luftdichten Behälter aufbewahren.

Futterknödel für Vögel

Wenn ihr einmal tagsüber im Freien dieses Ritual für Vögel durchführen möchtet, könnt ihr sie mit einem Futterknödel überraschen. Ihr werdet dieselben emotionalen Erfahrungen erleben, sobald sie euer Futter entdeckt haben. Hier ist eine einfache Anleitung, wie man Futterknödel herstellen kann.

Zutaten

- 250 g Fett, zum Beispiel Kokosfett oder Rindertalg
- 100 g Sonnenblumenkerne
- 50 g Hanfsaat
- 50 g Haferflocken
- 30 g Erdnüsse, ungesalzen, geschält und gehackt
- 30 g Rosinen
- 2 Zweige, ca. 10–15 cm
- Kordel

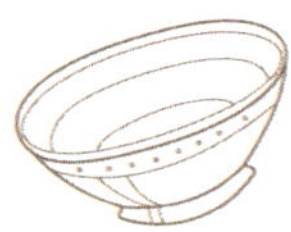

Zubereitung

1. Das Fett in einem Topf bei niedriger Hitze erwärmen, bis es vollständig flüssig ist.
2. In einer großen Schüssel die trockenen Zutaten mischen (Sonnenblumenkerne, Hanfsaat, Haferflocken, Erdnüsse, Rosinen).
3. Das geschmolzene Fett in die Schüssel mit den trockenen Zutaten gießen und alles gut miteinander vermischen. Dann die Mischung etwas abkühlen lassen, bis sie beginnt fest zu werden, aber noch formbar ist.
4. An die beiden Zweige jeweils ein nicht zu kurzes Stück Kordel binden.
5. Nun zwei Futterknödel um die Zweige herum formen und dabei darauf achten, dass die Kordel oben herausschaut. Die Futterknödel auf einen Teller legen und aushärten lassen.

Suche dir nun einen geeigneten Platz im Garten oder auf dem Balkon, der vor Raubtieren geschützt ist, und hänge die Futterknödel an einem Baum, Strauch oder Zaun auf, du kannst sie auch an einen Haken am Balkon hängen.

Futterzapfen für Vögel

Wenn du im Garten oder beim Spazierengehen schöne Baumzapfen findest, sammle mal ein paar davon ein, denn auch damit kannst du für die Wildvögel in deinem Garten eine köstliche Leckerei basteln.

Zutaten

- 5 EL Fett, zum Beispiel Kokosfett oder Rindertalg
- 5 EL Vogelfutter, zum Beispiel in der Mischung wie bei den Futterknödeln
- Baumzapfen, zum Beispiel Tannen- oder Kiefernzapfen
- Kordel

Zubereitung

1. Das Fett in einem Topf bei niedriger Hitze erwärmen, bis es vollständig flüssig ist.
2. Dann das Vogelfutter in das Fett rühren und die Mischung etwas erkalten lassen.
3. Am oberen Ende jedes Zapfens ein Stück Kordel befestigen.
4. Nun die leicht erkaltete Fett-Vogelfutter-Mischung mit den Händen rundherum an den Zapfen befestigen, dabei fest andrücken, damit die Zwischenräume der Zapfen befüllt werden.
5. Die Futterzapfen auf einen Teller legen und aushärten lassen.

Die fertigen Futterzapfen im Garten oder auf dem Balkon aufhängen.

Die Fantasie beflügeln

Kinder haben oft eine lebhafte Fantasie, und in den Rauhnächten können sie dazu ermutigt werden, ihrer Fantasie freien Lauf zu lassen. Sie können dazu motiviert werden, sich vorzustellen, wie Tiere sprechen würden, wenn sie könnten, und ihre eigenen Geschichten und Abenteuer zu erfinden.

Beispielsweise könnten die Kleinen Geschichten erfinden wie die folgende:

Das Geheimnis des Winterwaldes

In einer kleinen, verschneiten Stadt leben die Geschwister Lena und Max mit ihrem Hund Bruno und ihrer Katze Mimi. Eines Abends, während der geheimnisvollen Zeit der Rauhnächte, bemerken Lena und Max, dass Bruno und Mimi unruhig sind. Sie folgen den Tieren hinaus in den Garten und entdecken, dass dieser in einen dichten, glitzernden Nebel gehüllt ist. Plötzlich erscheint ein weiser Eulenmann, der ihnen von einem geheimnisvollen Schatz im Winterwald erzählt, der nur während der Rauhnächte gefunden werden kann.

Ausgerüstet mit warmen Mänteln und einer kleinen Landkarte, die der Eulenmann ihnen gibt, machen sich Lena, Max, Bruno und Mimi auf den Weg in den Winterwald. Der Nebel wird dichter und die Geräusche des Waldes werden lauter. Auf ihrem Weg begegnen sie freundlichen Rehen, die ihnen den Weg weisen.

Nach einiger Zeit erreichen sie das Herz des Waldes, einen mystischen Ort mit einem riesigen, leuchtenden Baum. Unter dem Baum finden sie eine alte Truhe. Als sie sie öffnen, entdecken sie kein Gold, sondern ein strahlendes Licht, das ihnen das Geheimnis der Rauhnächte offenbart: Es ist die Zeit, in der Wünsche wahr werden und die Magie der Freundschaft und des Zusammenhalts lebendig wird.

Mit dem Wissen und der Magie des Winterwaldes kehren Lena, Max, Bruno und Mimi nach Hause zurück. Der Eulenmann verabschiedet sich von ihnen und verspricht, dass der Winterwald immer für sie da sein wird, wenn sie Hilfe brauchen. Die Kinder und ihre Haustiere sind sich sicher, dass sie diese Rauhnächte niemals vergessen werden.

Geschichten über sprechende Tiere

Das Lesen oder Erzählen von Geschichten über Tiere, die sprechen können, hilft Kindern, sich in die Vorstellungswelt der Rauhnächte einzufühlen. Durch die Identifikation mit den Charakteren in den Geschichten stellen sie sich vor, wie es wäre, wenn Tiere tatsächlich sprechen könnten.

So könnten sie sich vorstellen, welche Erlebnisse die Tiere in den dunklen Rauhnächten erfahren, wie sie ihr Umfeld aus ihrer Perspektive wahrnehmen. Beispielsweise könnte ein Hund oder eine Eule folgende Beobachtungen mitteilen, wenn man sie intensiv beobachtet und dabei in eine wundervolle Trance gleitet.

Ein Hund erzählt von einer tief verschneiten dunklen Rauhnacht

Wenn die Sonne untergeht und die ersten Schneeflocken zu Boden sinken, verwandelt sich meine Welt in ein weißes Winterwunderland. Die Kälte kribbelt in meiner Nase, und ich kann den frischen, sauberen Duft des Schnees riechen.

Im Mondlicht glitzern die Schneekristalle wie kleine Edelsteine. Der Garten, der Wald, die Straßen – alles ist mit einer dicken, weißen Schicht bedeckt. Ich liebe es, durch den Schnee zu laufen und meine Spuren zu hinterlassen. Es ist, als würde ich auf einer weichen, knirschenden Decke gehen.

Die Stille der Nacht ist besonders. Der Schnee dämpft alle Geräusche, und ich kann das leise Plumpsen hören, wenn eine Schneeflocke auf meine Nase fällt. Manchmal höre ich das Knacken eines Astes unter der Last des Schnees oder das ferne Rauschen des Windes, der durch die kahlen Äste pfeift.

Im Schnee entdecke ich die Spuren von anderen Tieren. Da sind die kleinen, feinen Abdrücke eines Vogels, der nach Futter sucht, und die größeren Spuren eines Hasen, der über das Feld gehoppelt ist. Ich folge den Spuren neugierig, meine Nase tief im Schnee, um die Geschichten der Nacht zu erschnüffeln.

Die Häuser in der Nachbarschaft sehen besonders gemütlich aus. Die Fenster leuchten warm und einladend, und manchmal kann ich Menschen sehen, die sich um den Kamin versammeln. Der Duft von frisch gebackenen Plätzchen weht aus einem Haus und lässt mein Herz schneller schlagen.

Manchmal entdecke ich ein Reh, das sich vorsichtig aus dem Wald wagt. Es bewegt sich elegant und leise, seine Augen sind wachsam und aufmerksam. Wir schauen uns an, eine stille Verständigung, bevor es weiterzieht, und seine Hufe hinterlassen tiefe Spuren im Schnee.

Aber das Beste an der Winternacht ist das Spielen im Schnee. Ich liebe es, durch die Schneehaufen zu springen, meinen Kopf in den Schnee zu stecken und die kühle Frische zu spüren. Wenn ich genug gespielt habe, schüttele ich den Schnee aus meinem Fell und genieße die Ruhe der Nacht.

Wenn die Kälte schließlich meine Pfoten kitzelt, gehe ich nach Hause, wo ein warmes Plätzchen auf mich wartet. Ich lege mich in mein Bettchen und träume von den Abenteuern, die die nächste Winternacht bringen wird.

Auch Eulen können euch wunderschöne Geschichten erzählen. Diese weisen Vögel seht ihr oft tagsüber in Gärten, Friedhöfen und Parkanlagen, dann nämlich, wenn sie Schutz in den Baumkronen von Nadelbäumen suchen oder sich dicht gepresst an den Stamm von blätterlosen Laubbäumen gegenseitig wärmen.

Eine Eule erlebt eine verschneite Winternacht

Wenn der Abend dämmert und die Schneeflocken sachte vom Himmel schweben, beginnt meine Welt zu erwachen. Hoch oben in meinem Baum, eingehüllt in die Stille des Winters, beobachte ich die Welt unter mir.

Der Wald ist in ein weiches, weißes Kleid gehüllt. Jeder Zweig, jeder Grashalm ist mit einer dicken Schicht Schnee bedeckt. Das Mondlicht taucht alles in ein sanftes, silbriges Leuchten, und der Schnee glitzert wie Diamanten. Die Kälte der Nacht lässt den Atem der Tiere als kleine Wölkchen in der Luft sichtbar werden.

Ich kann die Bewegungen der Nacht genau verfolgen. Da ist ein Hase, der flink durch den Schnee hoppelt, seine kleinen Pfoten hinterlassen eine Spur im Weiß. Ein Reh tritt vorsichtig aus dem Schatten der Bäume, seine großen Augen aufmerksam und wachsam.

Von meinem hohen Aussichtspunkt aus sehe ich die Dächer der Häuser, bedeckt mit einer Schicht Schnee, und die warmen Lichter, die durch die Fenster scheinen. Es ist ein beruhigender Anblick, der Kontrast zwischen der kalten, stillen Natur und den gemütlichen, warmen Behausungen der Menschen.

Die Nacht ist voller Geräusche, die der Schnee dämpft und zugleich verstärkt. Ich höre das leise Knirschen des Schnees unter den Pfoten der Tiere und das sanfte Rauschen des Windes, der durch die kahlen Äste der Bäume pfeift. Gelegentlich ertönt das entfernte Heulen eines Wolfs, das durch den Wald hallt und eine uralte Verbindung zu meinen Ahnen herstellt.

Meine scharfen Augen erspähen die kleinsten Bewegungen. Eine Maus huscht über den Schnee, auf der Suche nach Futter. Mit einem lautlosen Flug stoße ich herab, meine Flügel schlagen lautlos durch die kalte Luft, und meine Beute hat keine Chance zu entkommen.

Der Himmel ist klar, und die Sterne funkeln hell über mir. Der Große Wagen leuchtet am Firmament, und manchmal sehe ich eine Sternschnuppe, die einen kurzen, hellen Streifen über den Nachthimmel zieht. Es ist, als ob die ganze Welt für einen Moment stillsteht, eingefroren in der Schönheit der Winternacht.

Manchmal besuche ich andere Eulen in den Bäumen in der Nähe. Wir unterhalten uns mit sanften Rufen, tauschen Neuigkeiten aus und genießen die Gesellschaft in dieser einsamen, aber friedlichen Nacht.

Wenn der Mond langsam am Horizont untergeht und der erste Hauch des Morgens den Himmel erhellt, kehre ich zu meinem Nest zurück. Die Nacht war lang und voller Eindrücke, und ich freue mich auf den nächsten Abend, wenn die Winternacht erneut ihre magische Welt vor mir ausbreitet.

TIERE IMITIEREN

Ermutigt die Kinder, die Natur genau zu beobachten und sich bewusst zu werden, wie Tiere miteinander kommunizieren. Indem sie die Laute und Verhaltensweisen der Tiere imitieren, stellen sie sich oft vor, dass sie die Sprache der Tiere verstehen. Oft bekommen sie Antwort, können dieses Glück kaum fassen und sind dann umso überzeugter davon, magische Fähigkeiten zu beherrschen und die Seele der Tiere berühren zu können.

Kinder haben viel Spaß daran, Tiere zu imitieren. Besucht mit euren Kindern einen nahe gelegenen Tierpark, Streichelzoo oder Bauernhof. Die Mädchen und Jungen beobachten und erkunden die verschiedenen Tiere dort genau. Animiert dazu, den Tieren zu lauschen und die zahlreichen Geräusche bewusst wahrzunehmen, lasst die Kleinen die Tierstimmen imitieren. Ihr werdet überrascht sein, wie aufmerksam die Vier- oder Zweibeiner den neuen Lauten zuhören und nach kurzer Zeit sogar antworten. Die Kinder werden sich riesig darüber freuen, von den Tieren angesprochen zu werden. So entwickelt sich langsam eine Unterhaltung zwischen den Tier- und Kinderseelen, die fasziniert voneinander sein werden. Kinder empfinden diesen Moment wie eine emotionale Reise voller Heilung und Liebe. Ein unvergesslicher Moment, der sie die Existenz von Wundern erfahren lässt.

Wenn sich jedes Kind auf ein Tier konzentriert und dessen Laute nachahmt, beginnt eine erfolgreiche Kommunikation oft schon sehr schnell. Es gestaltet sich einfacher, als ihr vermutet. Mit folgenden simplen Imitationen könnt ihr wundervolle Gespräche führen und einen Blick in die Seele der Tiere gewinnen:

- Hund: bellen, hecheln, knurren
- Katze: miauen, schnurren, fauchen
- Kuh: muhen
- Vogel: zwitschern, krähen, pfeifen
- Pferd: wiehern, schnauben
- Eule: huuh-huuh

Es ist wichtig zu betonen, dass das Hören von Tieren in den Rauhnächten eine metaphorische Erfahrung sein kann, die die enge Verbindung zwischen Mensch und Natur hervorhebt. Es geht weniger darum, ob Tiere tatsächlich sprechen können, sondern vielmehr darum, dass Kinder ein tieferes Verständnis für die Natur und ihre Mitbewohner entwickeln und eine spirituelle Verbundenheit mit der Welt um sie herum empfinden.

Kapitel 5

Zauberinstrumente – Schlüssel in die Welt des Wunderbaren

Die Welt der Zauberinstrumente ist eine mystische und magische Reise, die Kinder jeden Alters fasziniert. Von Zaubersteinen, Zauberkissen oder Zauberstäben bis hin zu den magischen Zaubernüssen der Feen im Märchenwald bieten Zauberinstrumente eine Vielzahl von Möglichkeiten, die die Fantasie der Kleinen anregen, ihre kreative Vorstellungskraft entfesseln und sie in eine sagenhafte Zauberwelt voller Wunder und Geheimnisse während der Rauhnächte entrücken.

Der Besitz eines begehrten oder mächtigen magischen Gegenstands oder das Wissen um Zaubersprüche werden seit Jahrtausenden als Anreiz verwendet, härter zu arbeiten und sich mehr anzustrengen. Sie eignen sich als Motivationshilfe und Symbole für Erfolg und Fortschritt, um persönliche Ziele zu erreichen. Studien zeigen, dass Kinder effektiver lernen, wenn sie visuell stimuliert werden. In einer Lebensphase, in der Kinder ihren Charakter, ihre Werte und ihr Selbstbild prägen, spielt dies eine entscheidende Rolle. Zauberinstrumente helfen dabei, Kinder zu inspirieren und zu stärken sowie ihr volles Potenzial zu entdecken und zu entfalten. Besonders in der dunklen Jahreszeit, wenn Kinder weniger draußen herumtollen und oft die Wärme der geheizten Stube suchen, sind ihre Sinne besonders offen für wunderliche Dinge. Diese helfen ihnen dabei, mit Mut und Selbstvertrauen durchs Leben zu gehen, Herausforderungen zu meistern und schwierige Situationen zu bewältigen. Die Vorlieben für diese Instrumente können sehr vielfältig sein. Nachfolgend werden einige der wichtigsten aufgezählt und ihre Wirkung beschrieben.

Klangschalen

Kinder lieben es, mit Dingen zu interagieren und Klänge zu erzeugen. Wenn sie auf die Klangschale schlagen oder sie mit einem Schlägel zum Klingen bringen, können sie die unmittelbare Reaktion des Klangs erleben, was eine faszinierend magische Aura in ihnen weckt. Der sanfte, beruhigende Ton der Klangschalen ist für Kinder mystisch. Er bringt ihre Sinne zum Tanzen, weckt in den Kindern die Sehnsucht zu musizieren und verbindet sie mit einem scheinbar verloren gegangenem Paradies der Melodien, Töne und Klänge, die wohl in ihren Genen verborgen liegen. Mit anderen Familienmitgliedern oder Kindern auf diesen Schalen Töne zu erzeugen, vermittelt das magische Gefühl der Zusammengehörigkeit und der Geborgenheit.

Kinder fühlen, wie die Klangschale sie Stück für Stück näher zu ihrem Selbst bringt und ihnen zu nie da gewesenem ganzheitlichem Wohlgefühl verhilft. Sie machen sich auf eine einzigartige Reise zu ihrem tiefsten Inneren. Der Ton einer Klangschale berührt ihre Seele und schenkt ihnen mit seiner außergewöhnlichen Klarheit und Dauer tiefe Entspannung. Die sanften Vibrationen der schwingenden Klangschale wirken beruhigend und regen auf vielfältige Weise die Sinne der Kinder an. Durch das Hören entspannender Klänge trainieren kleine Zuhörer ihre Wahrnehmung. Klangschalen verzaubern Kinder und laden sie ein in die Welt der inneren Wahrnehmung.

Sie sind fasziniert von Klängen. Schauen, hören, lauschen, spüren und das Experimentieren mit Klangschalen sind für Kinder ein großer Spaß und ein weites Feld, in dem sie sich selbst mit all ihren Sinnen erfahren können.

Kinder sind im Umgang mit Klangschalen oft wunderbar ungezwungen und unvoreingenommen.

Außer mit einem Schlägel können diese Instrumente noch auf ganz anderen Wegen zum Klingen gebracht werden:

- So können Kinder eine Klangschale auch ansingen und diese singt unmittelbar mit.
- Sie können sie mit den Fingern sanft anstupsen und die Klangschale seufzt ganz leise.
- Sie können Kügelchen in sie hineinfüllen, die wie die Wellen des Meeres hin und her rauschen.

Und das Magische daran: Es klingt immer anders. Mal sind die Klänge tief und lang anhaltend, mal sind sie hoch und klingen nur ganz kurz.

- Kinder können sich eine Klangschale auch auf den Bauch oder einen anderen Körperteil legen und wenn die Schale groß genug ist, können sie sich sogar hineinstellen. Wenn sie dann angeklungen wird, bringt dies den ganzen Körper zum Schwingen und es kribbelt in jeder Zelle. Wer leise ist und genau lauscht, wird feststellen, wie lang eine Klangschale klingen kann.
- Spaß macht es auch, wenn man in die Schale Wasser einfüllt und sie kräftig anschlägt – dann entsteht ein richtiger »Klang-Springbrunnen«.
- Wie klingt es, wenn man die Schale mit dem Handballen anstößt oder wenn die Fingernägel darübertanzen?
- Wie unterschiedlich klingt es, wenn man sie mit dem Filzschlägel antippt oder mit einem Reiber, einem Gummischlägel oder darin Sandkörner oder Linsen hin- und herschwenkt?

Der Fantasie sind hier keine Grenzen gesetzt und Kinder können ausprobieren, was ihnen alles in den Sinn kommt. Alles ist erlaubt – außer spitze oder harte Gegenstände, die die Oberfläche beschädigen könnten. Kinder werden ganz aufmerksam dem durchdringenden, geheimnisvollen Klang lauschen – nicht nur mit den Ohren, sondern mit dem ganzen Körper.

Kinder erleben das sanfte Vibrieren einer Klangschale wie eine Art ganz feiner Zellmassage, die magisch-wohltuend tief in den Körper hineinwirkt. Es fühlt sich für sie an wie das Kribbeln von tausend Sonnenstrahlen im Bauch. Ein Instrument also, das sie im wahrsten Sinne des Wortes verzaubert. Selbstbewusstsein, Schutz, Trost, Schaffenskräfte aktivieren, Selbsterkenntnis gewinnen, die innere Stimme und positive Schwingungen aktivieren, Kontakt zum Unterbewusstsein und zur Seele knüpfen, Wirklichkeits- oder Gedankenverstärker erzeugen – all dies sind Möglichkeiten, die Klangschale zu nutzen und ihre Kräfte zielgerichtet zum Einsatz zu bringen.

Zauberwirkung von Klangschalen

- Unterstützung magischer Momente auf Körper, Seele und Geist
- Ankurbelung tiefer Entspannung und Lebensfreude
- Kontakt mit dem Urvertrauen des Lebens
- Loslassen von Sorgen, Ängsten und Zweifeln
- Harmonie, Stille, Ausgleich und Identität
- Verbesserte Körper- und Selbstwahrnehmung
- Aktivierung und Forcierung der Selbstheilungskräfte des Körpers
- Verstärkung des Selbstbewusstseins, der Kreativität, Schaffenskraft und Motivation

Kristallkugeln

Die Verwendung von Kristallen für spirituelle Zwecke reicht bis in die Antike zurück, wo sie für rituelle Zwecke, Heilung und spirituelle Praktiken verwendet wurden. In der antiken griechischen und römischen Welt wurden Kristalle als Symbole für Reinheit und Macht betrachtet. Oft wurden sie in Amuletten und Talismanen getragen, um Glück zu bringen oder Übel abzuwehren. Im Mittelalter glaubten Alchemisten, dass bestimmte Materialien, wie Kristalle, über mystische Kräfte verfügten, die es ermöglichten, spirituelle Erkenntnisse zu gewinnen und materielle Substanzen zu transformieren. Kristalle wurden in alchemistischen Experimenten verwendet und galten als Quelle spiritueller Energie. Auch Magier, Hellseher und Wahrsager begannen, sie für spirituelle Praktiken und Vorhersagen zu nutzen. Die Idee, dass Kristalle eine Verbindung zu höheren spirituellen Ebenen herstellen können, verbreitete sich zunehmend. Bei Generationen von Wahrsagern und Hellsehern, Medien und Zauberern standen Kristallkugeln in Gebrauch und hohem Ansehen. Sie wurden verwendet, um einen Blick in die andere Welt zu erhaschen, in Kontakt mit geistigen Wesen zu treten oder Antworten auf Fragen aus Vergangenheit, Gegenwart oder Zukunft zu erhalten.

Kristallkugeln vermitteln Kindern ein Gefühl von Mystik und Magie. Nachfolgend einige Vorschläge, wie Kristallkugeln als zauberisches Werkzeug für Kinder genutzt werden können:

- Kinder können mit der Kristallkugel Fantasiereisen und Visualisierungen durchführen. Sie können sich vorstellen, dass sie in die Kugel schauen und in eine magische Welt eintauchen, in der sie Abenteuer erleben und neue Dinge entdecken. Diese Fantasiereisen helfen ihnen, sich zu entspannen und zu träumen.
- Kristallkugeln können auch in der Meditation und Achtsamkeitspraxis für Kinder verwendet werden. Kinder können die Kugel betrachten und sich auf ihre Atmung konzentrieren, während sie ruhig sitzen und die Schönheit des Kristalls betrachten. So schaffen es die Kinder, sich zu entspannen, Stress abzubauen und im Hier und Jetzt zu sein.
- Kinder erschaffen mit Kristallkugeln kreativ ihre eigene magische Welt. Sie können die Kugel in ihren Spielen verwenden, um Zaubertränke zu mischen, Geheimnisse zu enthüllen oder magische Rituale durchzuführen.
- Nebenbei können Kristallkugeln das Interesse der Kinder an Naturwissenschaften wecken. Sie können lernen, wie Kristalle gebildet werden, welche Eigenschaften sie haben und wie sie in verschiedenen Kulturen und Traditionen verwendet werden. Auf diese Weise vertiefen sie ihr Wissen über die Natur und wecken ihre Neugier auf die Welt um sie herum.
- Kinder können mit Kristallkugeln auch Rituale und Zeremonien durchführen. Dabei verwenden Sie die Kugeln, um Wünsche

zu manifestieren, Schutz zu suchen oder positive Energien zu kanalisieren. Diese Rituale können den Kindern ein Gefühl von Geborgenheit sowie Selbstbewusstsein vermitteln und ihnen helfen, ihre eigenen Kräfte zu entdecken.

- Kinder können mit Kristallkugeln auch kreative Kunstwerke gestalten. Sie können die Kugel als Inspirationsquelle verwenden, um Gemälde, Zeichnungen oder Skulpturen zu erstellen, die die Schönheit und Magie des Kristalls einfangen. Diese kreativen Projekte ermöglichen es den Kindern, ihre eigenen Gefühle und Ideen auszudrücken und ihre künstlerischen Fähigkeiten zu entwickeln.

Durch die Verwendung von Kristallkugeln erfahren Kinder eine tiefe Wertschätzung für die Schönheit und das Geheimnis des Lebens und fühlen sich als Teil des größeren Universums.

Die Kristallkugel ist ein Werkzeug, das dabei hilft, einen besseren Zugang zu unserem Unterbewusstsein zu bekommen. Sie dient als Spiegel unserer Seele. Kinder erfahren, dass sie mit einer Kristallkugel eine gewisse Hellsichtigkeit mithilfe des Unterbewusstseins und einer guten Intuition erlangen können.

Sie bekommen Zugang zu Wissen, das ihrem Alltagsbewusstsein verborgen ist. Versenken sie sich in die Kristallkugel und verbinden sie sich, so entstehen Bilder, die ihnen Wissen vermitteln. Diese Bilder entstehen meist vor ihrem inneren Auge und nur selten in der Kugel selbst. Manches davon scheint für das Bewusstsein in der Zukunft zu liegen und so entsteht der Eindruck, man würde in die Zukunft sehen können. Tatsächlich jedoch hat jeder Mensch dieses unterbewusste Wissen und eine gute Ahnung davon, was auf ihn zukommt. Die Kugel ist also der Zugang zu einem unterbewussten Wissen. Nutze gemeinsam mit deinen Kindern die Kugel, um Verbindung mit einer göttlichen Kraft aufzunehmen, und frage diese nach einem bestimmten Ereignis. Es heißt, wenn es dir bestimmt ist, die Antwort zu kennen, wirst du sie erhalten.

Kräutertraumkissen

Lavendel, Rose oder Süßgras – es gibt viele Kräuter und Gräser, die unsere Nasen verzaubern. Um ihre beruhigende Zauberwirkung zu entfalten, müssen Pflanzen aber nicht unbedingt gegessen oder in anderer Form eingenommen werden. Es kann genügen, sich mit ihrem Duft zu umgeben, um deren positive Effekte hervorzurufen.

Kräuterkissen sind Zauberkissen, die Kinder ins Land der Träume begleiten. Dank des heilsamen Dufts spüren sie Liebe, Geborgenheit, Vertrauen, Zuversicht und Kraft. In ihren Traumphasen erscheint oft eine Fee, die sie mit tröstenden und segnenden Worten begleitet, wie: »Ich wünsche dir Stärke und Mut, die Stolpersteine auf deinem Lebenspfad aus dem Weg zu räumen. Möge ein hoher Turm daraus wachsen, den du voller Freude besteigen kannst. Und wenn du fällst, mögen viele Arme sich dir entgegenstrecken, um dich liebevoll aufzufangen.« Wie von einer unsichtbaren Macht gelenkt, werden diese segnenden Silben die Kinder in den Tiefen ihres Unterbewusstseins durch das ganze Leben begleiten und vor den vielen unsichtbaren, lauernden Gefahren schützen und bewahren.

- **Lavendelblüten** – ihr sanfter Duft beruhigt, sorgt für Entspannung und stärkt das Selbstbewusstsein. Ihre süße, aromatische Würze hilft, Situationen der Angst und Nervosität zu meistern.
- **Kamille** – ist vor allem als schlafförderndes Kraut bekannt. Ein weiterer positiver Aspekt dieser Heilpflanze ist, dass sie außerdem angstlösend wirkt und die innere Balance fördert.
- **Pfefferminze** – ihre erfrischende Wirkung befreit den Kopf von üblen Gedanken und lenkt liebevolle Schwingungen auf die Hilfe suchenden Kinderseelen.
- **Rosenblüten** – werden wegen ihrer entkrampfenden und entspannenden Kraft bei nervös bedingten Muskelverspannungen, Schlafstörungen und zur Stimmungsaufhellung bei Niedergeschlagenheit verwendet.

- **Süßgras** – mit dem magischen Duft von frisch geschnittenem Heu können Kinder die Ereignisse des Tages verarbeiten und in Träume verwandeln. Mit diesem Wohlgeruch schöpfen sie unendliche Kraft für neue Herausforderungen. Abends sorgt es in einer Duftlampe mit heißem Wasser gemischt für eine entspannte Einschlafsituation.
- **Fichten- und Tannenharz** – legen einen schützenden Schirm in den Nächten über die schlafenden Kinderseelen und vermitteln ihnen Wärme, Geborgenheit und Trost beim Verarbeiten der vielen alltäglichen Herausforderungen.
- **Orangenöl** – mit seinem süß-blumigen Wohlfühlduft gibt es Kindern ein Gefühl von Sicherheit, außerdem vertreibt es angsteinflößende Fantasiewesen und beunruhigende Gedanken.

Das duftende Kräuterkissen sorgt für Harmonie sowie für Entspannung und hilft beim Einschlafen. Dazu könnt ihr einfach das Kräuterkissen am Kopfende des Bettchens aufhängen, unter oder neben das Kopfkissen legen oder zum Kuscheln geben. Durch die Körperwärme fangen die Kräuter ganz lieblich an zu duften und sie wirken beruhigend und entspannend. Bei Bauchschmerzen kann man das Kissen auch auf den Bauch legen. Es ist ratsam, jedes Jahr im Spätsommer neue Kräuterkissen anzufertigen, um von der Frische und dem lieblichen Duft der neuen Kräuterernte aus den bunten Wiesen unserer Natur zu profitieren.

Ein Kräutertraumkissen herstellen

Mit folgender Anleitung schafft ihr es ganz einfach, ein Kräutertraumkissen für und mit euren Kindern selbst herzustellen.

Materialien

- Wählt sanfte und beruhigende Kräuter und/oder Blumen in getrockneter Form, die für Kinder geeignet und oben beschrieben sind. Fündig werdet ihr in Apotheken, Drogerien oder der Natur.
- Wählt einen weichen und atmungsaktiven Stoff, der angenehm auf der Haut der Kinder ist. Baumwolle oder Leinen eignen sich besonders gut.
- Optional: Gebt ätherische Öle für zusätzlichen Duft und Entspannung hinzu.

Anleitung

1. Mischt die getrockneten Kräuter und Blumen in einer Schüssel. Ihr könnt die Mischung nach den Vorlieben der Kinder anpassen oder eine bereits fertige Kräutermischung verwenden, die für einen erholsamen Schlaf geeignet ist.
2. Wenn ihr möchtet, könnt ihr ein paar Tropfen ätherisches Öl auf die Kräuter träufeln, um den Duft zu verstärken: Lavendelöl, Rosenöl, Zirbenöl, Tannenöl, Orangenöl eignen sich besonders gut dazu.
3. Füllt die Kräutermischung in das Kissen. Dazu könnt ihr eine kleine Schaufel oder einen Trichter verwenden, was das Einfüllen erleichtert. Achtet darauf, dass das Kissen nicht zu voll wird, damit es noch weich und flauschig bleibt.

Das Kräutertraumkissen kann als Kopfkissen oder neben dem Kopfkissen platziert werden, damit die Kinder von den beruhigenden Düften umgeben sind. Vor dem Schlafengehen könnt ihr das Kissen leicht drücken, um den Duft freizusetzen.

ZAUBERAMULETT

Sicherheit, Schutz und das Anziehen von Glück auf der einen Seite und Abwehr von Übel und Gefahren auf der anderen Seite sind uns seit jeher ein zentrales Bedürfnis. Ein Zauberamulett für Kinder kann ein wunderbares Werkzeug sein, um deren Fantasie zu fördern, Selbstvertrauen aufzubauen und positive Energien zu verstärken. Ein Amulett schützt, schenkt Liebe oder Heilung, verleiht magische Kräfte, bringt Erfolg, Stärke und Mut.

Der Winter ist eine Zeit der Ruhe und des Rückzugs, in der die Natur scheinbar in einen tiefen Schlaf fällt. Doch trotz der Kälte und des Schnees gibt es viele natürliche Materialien, die ihr nutzen könnt, um schöne Amulette herzustellen. Diese sind in der kalten Jahreszeit möglicherweise schwerer zu finden, aber mit etwas Kreativität und Geduld könnt ihr dennoch eine Vielzahl von Rohstoffen aus der Natur beschaffen.

Bevor ihr mit dem Basteln beginnt, ist es wichtig, die passenden Materialien zu sammeln. Alle Teile, die ihr selbst im Wald, auf den Wiesen und Gewässern findet, verbinden euch mit der Seele unserer Natur und besitzen daher eine besonders hohe Schutzfunktion.

- Sucht nach trockenen Zweigen und Ästen, die auf dem Boden liegen oder von Bäumen gefallen sind.
- Fichten-, Kiefern- und Tannenzapfen sind im Winter reichlich vorhanden und eignen sich hervorragend für die Herstellung von Amuletten. Ihr könnt sie in ihrer natürlichen Form verwenden oder sie bemalen und dekorieren.
- Einige Pflanzen behalten auch im Winter ihre Blätter und Beeren. Sucht nach immergrünen Pflanzen wie Efeu, Eicheln, Nüssen, Hagebutten, um diese Elemente in eure Amulette einzubeziehen.
- Kieselsteine oder sonstige selbst gefundene Steine, die ihr am Wegesrand findet, speichern die Energie von Millionen

von Jahren. Sie besitzen daher eine der höchsten Schutzfunktionen aller Elemente eines Zauberamuletts.

Ein kleiner segnender Spruch von Eltern, Großeltern, Geschwistern oder Freunden besitzt eine sehr hohe Wirkkraft und darf in diesem Zauberinstrument nicht fehlen.

Materialien

- Ein kleiner Beutel (Stoff oder Leder) oder ein Stück Stoff plus Nadel und Faden (falls ihr selbst einen Beutel nähen möchtet)
- Ein Band oder eine Schnur
- Kleine Gegenstände, die für euch eine besondere Bedeutung haben (zum Beispiel Steine, Kräuter, Muscheln, Symbole etc. wie oben genannt)
- Dekorative Elemente wie Perlen, Federn oder kleine Anhänger (optional)

Anleitung

1. **Materialien auswählen:** Überlege dir, welche Gegenstände für dich eine besondere Bedeutung haben oder welche du als schützend empfindest. Das können zum Beispiel bestimmte Steine, Kräuter, Zapfen, Äste oder Symbole sein – eine kleine Auswahl findest du in der Aufzählung etwas weiter oben.
2. **Beutel oder Stoff vorbereiten:** Falls du einen Beutel hast, kannst du direkt weitermachen. Falls nicht, schneide ein Stück Stoff in eine quadratische Form (etwa 10 × 10 cm). Falte den Stoff zu einem kleinen Beutel und nähe die Seiten zusammen, lasse dabei eine Öffnung zum Befüllen.
3. **Amulett befüllen:** Fülle den Beutel mit den ausgewählten Gegenständen. Wenn du Kräuter, Äste oder Zapfen verwendest, kannst du diese vorher klein schneiden oder zerstoßen.

4. **Beutel verschließen:** Verschließe den Beutel mit einer Schnur oder einem Band. Du kannst den Beutel auch zubinden und eine Schleife machen, um ihn zu öffnen und nach Bedarf zu ändern.
5. **Dekoration hinzufügen (optional):** Wenn du möchtest, kannst du den Beutel mit Perlen, Federn oder anderen dekorativen Elementen verzieren. Dies kann deinem Amulett eine persönliche Note verleihen.

Amulett tragen oder aufbewahren: Trage dein Amulett als Halskette, stecke es in deine Tasche oder platziere es an einem besonderen Ort in deinem Zuhause.

Bevor eure Kinder das Amulett am Hals oder in einer Tasche bei sich tragen, nehmt euch einen Moment mit den Kleinen Zeit, um euch mit seiner Bedeutung zu verbinden. Ihr könnt eine kleine Zeremonie abhalten, in der ihr Wünsche für die Zukunft ausdrückt. Dazu entzündet ihr eine Kerze, räuchert Lavendel, Styrax und Rose und sprecht laut eure Wünsche aus. Danach fasst ihr euch an den Händen, schließt die Augen und atmet tief durch. Wenn ihr wieder dazu bereit seid, öffnet die Augen und umarmt euch.

Ermutigt die Kinder, das Amulett zu tragen und es als ein Symbol ihrer inneren Stärke und Schönheit zu betrachten. Sie können das Amulett jeden Tag tragen oder es in besonderen Momenten verwenden, um positive Energien zu verstärken und sich geschützt zu fühlen. Ein Zauberamulett gibt den Kindern Kraft und Selbstvertrauen. Es dient als Erinnerung daran, dass sie geliebt werden und die Fähigkeit besitzen, ihre Träume zu verwirklichen.

Goldene Zaubernüsse

Goldene Zaubernüsse beflügeln die Fantasie der Kinder und stellen eine zauberhafte Ergänzung zu den festlichen Feierlichkeiten an Weihnachten dar, um sie zu einem faszinierend-mystischen Erlebnis werden zu lassen. Gold wird mit Wohlstand, Weisheit und Erleuchtung assoziiert und gilt als Farbe göttlichen Ursprungs. In diesem Sinne steht die goldene Zaubernuss als Symbol für die Erkenntnis oder das Verständnis von etwas Tiefgreifendem oder Geheimnisvollem. Sie soll denjenigen, der sie findet oder besitzt, mit spirituellem oder intellektuellem Wissen belohnen.

- Gold ist ein Symbol für Reichtum und Fülle. Die goldene Zaubernuss gilt daher als Zeichen für Wohlstand und Überfluss, Glück und Erfolg im Leben.
- Goldene Gegenstände werden oft mit Magie und Übernatürlichem in Verbindung gebracht. Die goldene Zaubernuss dient daher als Zeichen für magische Kräfte oder Fähigkeiten, sei es zur Heilung, zum Schutz oder zur Verwirklichung von Wünschen.
- Gold hat die Eigenschaft, Dinge zu verwandeln, sei es durch seine glänzende Erscheinung oder seinen Wert. Die goldene Zaubernuss steht daher als Symbol für Transformation und Veränderung wie zum Beispiel persönliches Wachstum, spirituelle Entwicklung oder die Möglichkeit, das Unmögliche möglich zu machen.

Goldene Zaubernüsse könnt ihr mit euren Kindern ganz einfach selbst basteln.

Materialien

- Walnüsse in der gewünschten Anzahl
- Nussknacker
- Zeitungen als Unterlage

- Goldlack zum Sprühen oder flüssiger Goldlack plus Pinsel
- optional: Geschenkband oder Garn
- optional: Kleine Zettel mit liebevollen Gedanken oder Sprüchen oder kleine Edelsteine
- Klebstoff

Anleitung

1. **Nüsse knacken:** Knacke die Walnüsse mithilfe eines Nussknackers so, dass du zwei Hälften bekommst, ohne dass die Schale zerspringt. Nimm nun das Fruchtfleisch aus beiden Hälften heraus, das du gerne direkt essen kannst, und lege die zwei passenden Hälften zueinander, damit du sie nachher wieder zusammenkleben kannst.
2. **Nüsse vergolden:** Lege nun die Nusshälften auf einen Tisch, den du vorher mit dem Zeitungspapier ausgelegt hast, und sprühe sie entweder von außen mit Goldlack ein oder bepinsele sie mit flüssigem Goldlack. Warte dann, bis der Lack getrocknet ist.
3. **Nüsse mit Schleife versehen:** Wenn du die Nüsse mit einem Band zum Aufhängen versehen möchtest, kannst du nun von einem schönen Geschenkband oder auch einem Stück Garn ein ca. 15 cm langes Stück abschneiden und die beiden Enden miteinander verknoten, sodass eine Schlaufe entsteht. Lege dann das Ende mit dem Knoten an der runderen Seite der Nussschale in eine Nusshälfte.
4. **Nüsse füllen:** Wenn du möchtest, kannst du in eine Nusshälfte noch einen kleinen Zettel mit einem liebevollen Gedanken oder einem schönen Spruch legen, du kannst auch einen kleinen Edelstein oder einen schönen Stein, den du draußen gefunden hast, hineinlegen – oder gerne auch etwas anderes, das dir etwas bedeutet.

5. **Nüsse verschließen:** Bestreiche nun eine Nusshälfte mit Klebstoff, nimm dann die passende zweite Nusshälfte und drücke sie vorsichtig auf die mit dem Kleber bestrichene Nusshälfte. Achte dabei bitte darauf, dass deine Schleife, sofern du eine gemacht hast, weit genug herausschaut und/oder die kleinen Gegenstände, die du in die Schale gegeben hast, nicht herausfallen. Drücke die beiden Hälften nun kurz etwas fester aufeinander und lege sie dann zur Seite, damit der Kleber trocknen kann.

Intuitiv spüren Kinder die magische Kraft von goldenen Nüssen. Sie werden sogar als besonders mächtige Manifestation dieser symbolischen Bedeutung betrachtet. Ihr glänzendes Aussehen und ihre ungewöhnliche Farbe verleihen ihnen eine mystische Aura. Goldene Walnüsse stellen für Kinder eine Verbindung zwischen der natürlichen Welt und der Welt der Fantasie her. Für Kinderseelen bedeuten sie eine Quelle für Hoffnung und Wunder, die ihr Leben einzigartig und abenteuerlich gestalten. Sie dienen daher als magische Gegenstände, die besondere Kräfte besitzen, wie Heilung, Schutz oder die Erfüllung von Wünschen.

Zaubersprüche – Pfade zur Seele der Kinder

Zaubersprüche sind kraftvolle Worte, geheimnisvolle Formeln oder heilige Silben, welche die feinfühlige Seele zum Schwingen bringen und uns jeden Tag Kraft, Zuversicht und neue Einsichten schenken. Ihr stetiges Wiederholen verbindet mit der göttlichen Kraft der Schöpfung, mit den kosmischen Energien, die uns unaufhörlich zur Seite stehen. Sie formen unsere Gedanken, lenken und verändern sie. Durch diese geistigen Einstellungen entscheiden wir ständig über unser Leben und den Weg unseres Schicksals, über das Gelingen unseres Daseins auf der Erde.

Der Gebrauch von magischen Worten ist reich an Geheimnissen und voller Mystik. Ihre wundervollen Silben berühren die Seele, verleihen ihr Schutz und Heilung. Sie wecken Ruhe, Gelassenheit, Freude und Liebe. Verblüffende Erfolge stellen sich nach einer regelmäßigen Anwendung ein. Sie unterstützen die Kinder bei der Heilung, fördern Geborgenheit, Wohlbehagen, Gelassenheit, Entspannung, Unabhängigkeit, die Befreiung von Ängsten, und sie erfüllen unser Zuhause und unsere Umgebung mit positiver Energie. Kurzum: Sie dienen der Erschaffung unserer eigenen wohlgestalteten Welt.

Nutzt die Energie von Zaubersprüchen und lasst diese Wünsche Wirklichkeit werden. Sie stehen im Zentrum der Magie und des Zaubers in den zwölf mystischen Tagen.

Moderne Zaubersprüche für Kinder können spielerisch, einfallsreich und ermutigend sein. Sie stärken Kinder, beflügeln ihre Fantasie und führen zu positiven Gedanken.

- Ich bin mutig wie ein Löwe, stark wie ein Bär, ich kann alles schaffen, was ich mir vornehme, das ist wahr!
- Mit einem Zauberwort und einem Lächeln kann ich jedes Hindernis überwinden.
- Ich bin ein Stern, hell und klar, mein Licht strahlt überall, wo ich bin, so wunderbar!
- Mit einem Zauberstab aus Fantasie kann ich die Welt um mich herum verändern, das ist magisch, wie ich finde!
- Ich bin klug wie ein Fuchs, schnell wie der Wind, mit meinen Gedanken kann ich Großes vollbringen, das ist mein Gewinn!
- Mit einem Zaubertrank aus Freundschaft und Liebe kann ich die Herzen der Menschen berühren, das ist meine Stärke von oben.
- Ich bin ein Schmetterling, frei und bunt, ich fliege hoch und weit, bis zum Horizont, das ist mein Mut.

- Mit einem Zauberwort und einem Augenzwinkern kann ich jedem Tag ein Lächeln schenken, das ist mein Geschenk.
- Ich bin ein Zauberer, ein Künstler des Lebens, mit meiner Fantasie kann ich die Welt verzaubern, das ist mein Glaube.
- Mit einem Zauberstrahl aus Licht und Liebe kann ich die Dunkelheit vertreiben, das ist mein Sieg.

Diese modernen Zaubersprüche für Kinder können als positive Affirmationen dienen, um ihr Selbstvertrauen zu stärken, ihre Vorstellungskraft zu fördern und sie daran zu erinnern, dass sie die Fähigkeit haben, ihre Welt nach ihren Vorstellungen zu beeinflussen.

Geheimnisvolle Zaubersteine

Völker aller Zeiten, Kulturen und Kontinente wussten um das kosmische Bewusstseinsnetzwerk zwischen Pflanzen, Tieren und Steinen. Manch einer besitzt diese Kenntnis noch heute und kann damit in das magische Reich der Zaubersteine eindringen, in den Ursprung allen Seins. Steine sind belebte und beseelte Wesen voller Zauberkraft, eingehaucht durch den Geist der Natur. Wer diese Energie der Steine wahrnimmt und spürt, fühlt sich im Universum heimisch, wird durchdrungen von seiner Güte sowie heilenden Macht. Da diese Mineralien aus der Erde kommen, speichern sie göttliche Energie und symbolisieren die mystische Kraft des Erdengeistes sowie die Reinheit des Natürlichen.

Die erstaunliche Energie der Zaubersteine wird durch die bewusste Wahrnehmung erweckt. Dazu werden besondere Rituale durchgeführt, wie beispielsweise Zaubersprüche aufgesagt, Mantren gesungen, Räucherwerk verbrannt. So gelingt es, den Stein als Wirklichkeits- oder Gedankenverstärker zu nutzen, als Objekt, mit dem man seine Kräfte zielgerichtet einsetzen kann. Alle Steine können Kraftobjekte sein, die Heilkräfte speichern, Krankheiten vertreiben, Gifte neutralisieren, Glück bringen und positive Gedanken hervorrufen. Geister können gebannt werden, es kann ein Blick in die Vergangenheit, Gegenwart und Zukunft geworfen werden. Sie unterstützen Meditationen und verbinden mit der inneren Stimme, dem höheren Selbst. Es gelingt der Kontakt mit höheren Bewusstseinsebenen, und der Pfad zur Erkenntnis liegt offen sichtbar. Steine können schützen, heilen, führen, verzaubern, verlocken, verführen, erleuchten, anziehen, abstoßen. Ihre Kraft kann verstärkt werden, wenn man sie in die Sonne legt und von den warmen Strahlen aufladen lässt.

Das Tragen der Steine am Körper verbindet die magischen Kraftobjekte sehr stark mit der Seele. Dabei müssen diese Energiekörper nicht direkt an der betroffenen Stelle getragen werden. In der Regel werden ein bis drei dieser Schmuckstücke in Form von Rohsteinen in Amuletten, Anhängern, Edelsteinketten, Ringen oder Armbändern verarbeitet.

Außerdem werden Steine auch innerlich in Form von Steinwasser eingesetzt. Dafür sollte der gewählte Stein für mindestens eine Stunde draußen unter freiem Himmel in eine Glaskaraffe mit Trinkwasser gelegt werden. Wenn die Sonne daraufscheinen kann, wird die Wirkung noch kraftvoller. So verwandeln die Steine die Flüssigkeit in ein Lebenselixier voller kosmischer Energie. Mit der Energie dieser jahrmillionenalten Objekte geht die Urkraft des Kosmos in den Körper über, stärkt ihn für die Widrigkeiten des Lebens und kräftigt sein Immunsystem. So gelangen wir zu dem Geheimnis des Lebens, wir erkennen die Fülle feinstofflicher Wirkungen, die unseren Körper speisen, wenn wir die Energie der Steine als Nahrung aufnehmen.

Mineralien helfen uns, die Rätsel der Welt und unseres Lebens zu entlocken, neue Einsichten und Ausblicke zu gewinnen. Das regelmäßige Trinken des Steinwassers führt uns auf eine Entdeckungsreise in die Tiefen unserer Seele und unterstützt uns bei der Überschreitung transzendenter Grenzen.

Edelsteine für Kinder: die wunderbare Welt der Steinmagie

Mit Steinen zaubern: Freundschaft, Harmonie, Glück oder Mut – lasst euer Kind herausfinden, wie es die Kraft der Steine verwenden kann und wie die kleinen Kostbarkeiten gereinigt, gepflegt und aufgeladen werden können.

Als starke Helfer für ruhigen Schlaf und gegen Albträume sind Edelsteine bei Kindern äußerst beliebt, und mit schönen Traumgeschichten wird das Einschlafen zum entspannten Ritual.

Lasst euch gemeinsam von der Vielfalt und Energie der Edelsteine verzaubern und zeigt euren Kindern die einzigartige Schönheit in den kleinen Dingen. Ob zum Sammeln, als Alltagsbegleiter, hübscher Schmuck oder für besondere Momente – mit Edelsteinen schenkt ihr ein ganz besonderes Naturerlebnis, das ein Leben lang ein mitwandernder Geselle sein wird.

Eure Kinder werden intuitiv ganz genau wissen, wie sie mit den Steinen umgehen müssen. Manche Kinder richten für ihre Steine ein gemütliches Plätzchen irgendwo in ihrem Zimmer ein, andere tragen ihren Glücksstein den ganzen Tag mit sich in der Hosentasche herum. Oder sie halten ihren Stein einfach in den Händen, um die Energie spüren zu können. Die Glückssteine können auch einfach in ihrer Holzbox oder ihrem Säckchen bleiben. Alles ist okay, es gibt kein Richtig oder Falsch.

Und denkt immer daran: Jeder Glücksstein hat seine Zeit, es ist auch in Ordnung, wenn ein bestimmter Stein gerade mal nicht so gefragt ist, auch wenn Eltern denken, dass genau dieser Stein doch jetzt super helfen könnte. Überlasst den Umgang mit den Steinen und die Auswahl einfach euren Kindern!

Einige der beliebtesten Zaubersteine für Kinder sind:

- **Achat:** Dieser kraftvolle Zauberstein mythischen Ursprungs hat eine hohe Schutzwirkung gegen Krankheitserreger. Er ist ein

Glücksbringer, zudem verbindet er uns mit dem allumfassenden Erdengeist und sensibilisiert für Mutter Natur. Dieser Glücksstein erinnert dich daran, dass Glück oft in den kleinen Dingen des Lebens zu finden ist. Er lädt dich ein, die kleinen Freuden zu schätzen und das warme Gefühl des Glücks zu genießen, das er bringt.

- **Amethyst:** Der dem griechischen Gott Dionysos geweihte Stein verwandelt schlechte Gedanken in optimistischen Reichtum, vertreibt falsche Freunde und erfüllt das Leben mit Wärme und Geborgenheit. Er lässt Ruhe sprießen, Ausgeglichenheit im Gemüt wachsen und klare Gedanken sich entwickeln. Er kann Kindern helfen, sich zu beruhigen und besser zu konzentrieren. Als magischer Schutzstein hüllt er uns in eine lilafarbene Blase, in der wir unsere Lebensaufgabe erfahren und realisieren können. Ein Zufluchtsort, an dem wir zur Ruhe kommen und wir selbst sein können. Unter das Kopfkissen gelegt, hilft er beim Einschlafen und hält bedrohliche Albträume fern.
- **Aquamarin:** Dieser blaue Schatzstein der Meerjungfrauen steht für Reinheit, Liebe und Glück. Er stärkt das Selbstvertrauen und verhilft zu harmonischem Gleichgewicht. Man sagt, er offenbare die wahren Wünsche der Seele. Er erinnert uns daran, dass wir nie allein sind und immer auf unseren Schutzengel zählen können, der uns beschützt und behütet, egal, wie groß die Probleme erscheinen mögen.
- **Aventurin:** Dieser Stein wird oft mit Glück, Optimismus und Entspannung in Verbindung gebracht. Er kann Kindern helfen, Ängste abzubauen und Optimismus zu entwickeln. Der Aventurin ist ein Glücksstein, der dabei hilft, Sorgen und Aufregung loszuwerden. Bei Ärger und Wut hilft die Berührung seiner Oberfläche, und man wird sich beruhigen. Beginnt ein neuer Lebensabschnitt, hilft er, gelassen und entspannt zu bleiben und nachts in süße Träume zu fallen.
- **Bergkristall:** Der Zauberstein alter Kulturen und geheimnisvoller Kraftspender seit Jahrtausenden vertreibt Krankheits-

dämonen aller Art und steigert die Intuition und die geistigen Kräfte. Der kraftvolle Bergkristall bringt Klarheit, Achtsamkeit und Lebenskraft. Es heißt, man könne ihm die größten Wünsche anvertrauen und er würde sein Bestes tun, um sie wahr werden zu lassen. Als Glücksbringer in der Hosentasche oder an einer Kette um den Hals getragen, erinnert er uns daran, dass unsere Wünsche und Träume in Erfüllung gehen, wenn wir daran glauben.

- **Bernstein:** Dieser jahrmillionenalte kraftvolle Zauberstein aus den Tiefen des Meeres sorgt für Linderung von Zahnschmerzen, wenn Kinder ihre kleinen Zähnchen bekommen. Dabei kann er ihnen helfen, sich zu entspannen und ruhiger zu werden. Zudem schützt er sie vor Ängsten und schlechten Träumen, bietet Halt und Stabilität in schwierigen Zeiten.
- **Hämatit:** Der Hämatit lenkt die Aufmerksamkeit der Kinder auf den Augenblick und schärft ihr Bewusstsein für das Hier und Jetzt. Er erdet sie und dockt an die Schwingungen ihrer Seele an. In seiner Gegenwart schöpfen die Kleinen aus den Tiefen ihrer Kräfte, und er tröstet sie in traurigen Momenten.
- **Jade:** Seit 7000 Jahren gilt er als bester aller Edelsteine. Die Maya nutzten ihn als Ritualstein für Seelenreisen, sahen ihn als Symbol des Lebens, der die Toten in die Anderswelt, in die Welt des ewigen Lebens, begleitet. Am Körper getragen, entfacht er das Feuer der Weisheit, Lebenskraft, Gerechtigkeit, Bescheidenheit und des Mutes. Er vertreibt Krankheitsdämonen aller Art und weckt bei Kindern die Intuition und die geistigen Kräfte.
- **Lapislazuli:** Dieser Stein wird mit Energie, Motivation und Lebensfreude assoziiert. Er kann Kindern helfen, ihre Energie zu steigern und ihre Kreativität zu fördern. Der Lapislazuli erinnert an unsere Einzigartigkeit und ermutigt, stolz auf sich selbst zu sein. Er hilft gegen Selbstzweifel und nicht gut meinenden Menschen, die immer wieder versuchen, einen zu verunsichern. Dieser Zauberstein erinnert daran, dass wir perfekt und einzigartig sind, genau so, wie wir geschaffen wurden.

- **Rosenquarz:** Der Stein der Liebe und des Mitgefühls baut Stabilität im Leben auf und fördert das Selbstwertgefühl. Er verbreitet Wärme und Geborgenheit, erinnert daran, dass jeder Mensch richtig ist, so, wie er geschaffen wurde, und flüstert leise, dass alles in Ordnung ist. Für ein Gefühl von Umarmung, Geborgenheit und Trost kann das Kind einen Rosenquarz in der Hosentasche tragen oder als Glücksstein an einer Kette befestigen. So umarmt er uns in tiefer Verzweiflung und spricht zärtliche Worte im Geiste, wenn uns nichts mehr zu helfen scheint.
- **Tigerauge:** Im alten Arabien befreite das magische Auge des Tigers, wie der Stein dort genannt wurde, von Ängsten und Selbstzweifeln. Pharaonen und hochrangige Aristokraten trugen diesen beliebten Stein. Sie fühlten, wie diese Zaubermineralien die Strahlen der Mittagssonne einfingen, die in ihnen Lebenskraft und unermessliche Vitalität entflammten. Auf dem Nachttisch während des Schlafes gelegt, schärft er die Sinne, erhöht das Selbstbewusstsein und das Selbstwertgefühl. Es heißt, er unterstütze die Verwandlung zu einem selbstständigen Lebensweg. Mit Selbstvertrauen, Willenskraft und Mut ausgestattet, hilft er, Herausforderungen zu meistern und an sich selbst zu glauben.

Zauberstab – Symbol der Kraft und Sicherheit

Der Zauberstab dient dazu, Magie zu wirken, also zu zaubern. Er ist ein Hilfsmittel von Zauberern und nicht nur in Märchen anzutreffen, sondern auch in unserer Wirklichkeit.

Zauberstäbe ermöglichen es den Kindern, in magische Welten und Abenteuer einzutauchen, in denen sie mächtige Zauberer oder Zauberinnen sind, die mit ihren Stäben Zaubersprüche wirken können und spannende Abenteuer erleben. Das Halten eines Zauberstabs vermittelt den Kindern ein Gefühl von Macht, Kraft, Stärke und Kontrolle. Sie können sich wie mächtige Magier fühlen, die die Welt um sich herum beeinflussen können, was ihr Selbstvertrauen stärkt und sie ermutigt, ihre Vorstellungskraft zu nutzen. Zauberstäbe können auch das Spiel mit Freunden fördern.

Kinder sind oft fasziniert von der Vorstellung von Magie und Mystik. Zauberstäbe repräsentieren diese Welt des Übernatürlichen und lassen die Kinder in eine Welt voller Wunder und Geheimnisse eintauchen, die ihre Neugier und Begeisterung wecken.

Ein Zauberstab lenkt die speziellen magischen Energien in die gewünschte Richtung und hilft dir dabei, deine Ziele zu verfolgen und dich nicht von deiner Überzeugung abbringen zu lassen. Er stärkt die Intuition und hilft dir dabei, dich zu einer außergewöhnlichen, tugendhaften Persönlichkeit zu entwickeln. Er kann verborgene Fähigkeiten an die Oberfläche bringen und entdeckt das große Potenzial deiner Möglichkeiten.

Außerdem symbolisiert der Zauberstab den Willen des Zaubernden. Kinder lenken damit die speziellen magischen Energien in ihre erwünschte Richtung. Dabei können sie einerseits ein Ziel anvisieren und außerdem auch magische Energien kanalisieren. Ebenfalls kann die direkte Berührung mit dem Zauberstab bereits einen magischen Effekt auslösen.

Man glaubte früher, so eine reale metaphysische Macht in der Hand zu haben, entspreche einem gefährlichen Geist gegen alle Feinde. Der Zauberstab hat einen suggestiven Wert für die Eigentümer. Er soll Gesundheit und Glück sichern und Unglück abwenden. Zudem kann er auch zum Wiederfinden verlorener Gegenstände dienen. Er wirkt gegen den bösen Blick, gegen Flüche, zur Abwehr unliebsamer Gedanken und dient zum Wahrsagen, schützt bei Reisen und wirkt auch als diplomatischer Unterstützer, während Verhandlungen aller Art sowie größerer Versammlungen oder Diskussionen. Hier soll er den friedlichen Verlauf beeinflussen. Das Ziel seiner Verwendung ist, das Schicksal möglichst positiv zu beeinflussen und um Segen für Lebensreichtum und Fruchtbarkeit des eigenen Handelns zu bitten.

Einen Zauberstab anfertigen

Ein selbst gefertigter Zauberstab, in den Strahlen des Vollmondes gesegnet, kann übernatürliche Kräfte entwickeln. Obwohl man Zauberstäbe kaufen kann, rate ich dazu, einen eigenen Stab anzufertigen, denn er gibt mehr Kraft und schafft eine persönliche und zaubervolle Erfahrung höchster Ausprägung. Zudem gelingt damit die Kommunikation mit der eigenen Seele am besten.

Streift durch Wälder oder an wilden Hecken der Wildnis (den Rändern Midgards, wo sich die Welt der Menschen und das Reich der Naturwesen berühren) vorbei, schon bald werdet ihr euch von einem besonderen Baum oder Strauch angezogen fühlen. Schneidet einen Ast oder Zweig von etwa 30 Zentimeter Länge davon ab, befreit ihn von kleineren Ästen, Blättern und Dornen, und schon ist euer Zauberinstrument fertig. Er kann mit Glitzersteinen, bunten Bändern und Perlen, Perlenschnüren, Federn sowie Sternen aus Glitzerpapier durch Ankleben verziert werden.

In der Welt der Magie wird jedem Baumholz für Zauberstäbe eine spezifische Bedeutung und Eigenschaft zugeschrieben.

- Ahornholz-Zauberstäbe sind mit Eigenschaften wie Entschlossenheit, Ausdauer und Selbstvertrauen verbunden. Sie können für Zaubersprüche verwendet werden, die Durchsetzungskraft und Entschlossenheit erfordern.
- Birkenholz-Zauberstäbe stehen für Erneuerung, Reinheit und Frische. In Verbindung mit Zaubersprüchen eingesetzt, fördern sie Transformation oder Neuanfang.
- Buchenholz-Zauberstäbe symbolisieren Weisheit, Klarheit und Konzentration. Sie können besonders nützlich sein für Zaubersprüche, die einen klaren Geist erfordern, oder zur Unterstützung der Intelligenz.

- Eiche wird oft mit Stärke, Standhaftigkeit und Schutz assoziiert. Zauberstäbe aus Eichenholz können daher für Zaubersprüche verwendet werden, die Stabilität und Schutz erfordern.
- Eschenholz-Zauberstäbe sind bekannt für ihre Verbindung zur Energie des Lebens und der Natur. Sie können für Zaubersprüche verwendet werden, die Vitalität, Wachstum und Stärke betonen.
- Haselnussholz-Zauberstäbe werden oft mit Intuition, Inspiration und Magie assoziiert. Für Zaubersprüche eingesetzt, wecken sie die Kreativität, Neugier und die Entfaltung des eigenen Potenzials.

Kapitel 6

Mystische Räucherdüfte für Kindernasen

Der Brauch des Räucherns reicht viele Jahrtausende zurück. Schon in der Steinzeit wurde bei verschiedensten Naturerscheinungen geräuchert. Je mehr man sich der Alpenregion nähert, umso mehr gehört das Räuchern zum üblichen Brauchtum. Besonders in den geheimnisvollsten und gleichzeitig unheimlichsten Rauhnächten, nämlich zur Wintersonnenwende, an Weihnachten, Silvester und dem Dreikönigstag, wurden ausgiebig Haus und Hof geräuchert, selbst in den Tierställen verbrannte man früher eifrig Weihrauch, und die Tiere reagierten völlig ruhig und schienen das Ritual sehr zu genießen. Als Rauchfass diente ein altes Bügeleisen, damals wirklich noch aus Eisen, oder eine Pfanne aus demselben feuerfesten Material. Mit der abgebrannten Glut aus dem Ofen oder dem Kamin ging mein Urgroßvater seinerzeit noch durch jede Stube, streute immer wieder Weihrauch und unterschiedlichste Kräuter darauf, sprach seinen Rauchsegen – »Glück ins Haus, Unglück hinaus« – und vergrub danach die Glutreste im Garten unter seiner Lieblingstanne. Die zwölf Tage zwischen den Jahren gelten von alters her als Zeit der Reinigung, des Wandels und Neubeginns. In allen Räumen werden Räucherschalen aufgestellt, selbst draußen auf Fensterbänken, unter Bäumen im Garten, einfach überall, wo es einem beliebt.

Bei vielen Menschen gibt es heute keine Öfen oder Kamine mehr, aus denen man die Glut nehmen kann. In solchen Fällen leisten Kohletabletten zum Räuchern gute Dienste. Ein Salpeterstreifen darin sorgt dafür, dass binnen kurzer Zeit die Räuchertablette weiße Glut ansetzt und die Räucherzeremonie beginnen kann. Dazu nimmt man ein feuerfestes Keramik- oder Metallgefäß, füllt Sand hinein, legt die Kohle darauf und streut die Räucherstoffe darüber. Sofort entwickelt sich ein köstlich-würziger Duft nach Wald oder Wiese, und das Räuchern des Zuhauses kann beginnen. Dazu könnt ihr in den Kellerräumen beginnen und langsam nach oben bis zum Dachboden gehen. In jedem Raum solltet ihr segnende Worte sprechen, wie beispielsweise den Satz »Christus mansionem benedicat« (»Christus, segne dieses Haus«). Alle Worte, die euch spontan einfallen, sind erlaubt. Anfangs verwendet man normalerweise Sätze, die in Büchern oder von Bekannten empfohlen werden, doch schon bald gewinnt man Routine beim Ausräuchern und entwickelt eigene Worte für dieses Ritual. Ebenso können Zitate aus der Bibel oder anderen Büchern vorgelesen, der Rosenkranz gebetet, das Vaterunser gesprochen oder Lieder gesungen werden, einfach alles, was einem in den Sinn kommt. Oder ihr bleibt ganz stumm und saugt den mystischen Rauch in die Tiefen des Geistes ein.

RÄUCHERN MIT KINDERN

Spannende Räucherrituale, erfrischende Konzentrationsstärkung, sanfte Heilkraft: Naturdüfte und Räucherwerk schenken Kindern in den klirrend kalten Rauhnächten viel Freude und Wohlbefinden für Körper, Geist und Seele. Der richtige Duft führt sie in einen sanften Schlaf, lindert ihre Erkältungen und fördert ihre Ausgeglichenheit. Räuchern wirkt sich positiv auf das emotionale Wohlbefinden der Kinderseelen aus, indem es ihnen hilft, Stress abzubauen, Ängste zu mildern und innere Ruhe zu finden. Es fördert zudem die Kreativität, Fantasie und Vorstellungskraft, da die verschiedenen Düfte und Aromen die Sinne stimulieren und einen in eine Welt der Magie und des Spiels eintauchen lassen.

Räucherstoffe sind wunderbare Begleiter für die Kleinen, um in der dunklen Jahreszeit mit besonderen Dufterlebnissen alle Sinne anzuregen. Kinder finden das sanfte Räuchern mit einem Räucherstövchen oder einer Duftlampe oft angenehmer als das Räuchern auf der Kohle. Diese Anwendung schafft eine ruhige und entspannte Atmosphäre, die es den Kindern ermöglicht, das Räucherritual vollständig zu genießen und von den positiven Eigenschaften der Räucherkräuter zu profitieren.

Kleine gemeinsame Rituale mit Räucherdüften können unseren Kindern einen Raum eröffnen, um im Schutz der Familie Achtsamkeit und eine bewusste Selbstwahrnehmung zu erfahren. Dabei werden die Sinne in vielfältiger Weise angesprochen, wir entspannen uns zusammen, schaffen neue Kraft und gewinnen Mut für die Herausforderungen, die auf uns warten.

Bevor ihr mit dem Räuchern beginnt, sollten einige Sicherheitsmaßnahmen beachtet werden:

- Kinder sollten niemals unbeaufsichtigt mit Feuer oder Rauch umgehen. Eltern oder Aufsichtspersonen sollten immer in der Nähe sein, um sicherzustellen, dass alles sicher und kontrolliert abläuft.
- Kinder sollten einen angemessenen Abstand zu brennenden Räucherstoffen halten, um Verbrennungen oder Verletzungen zu vermeiden.
- Stellt sicher, dass der Raum gut belüftet ist, um eine Ansammlung von Rauch zu vermeiden. Öffnet gegebenenfalls Fenster oder Türen, um frische Luft hereinzulassen.
- Achtet darauf, dass keine brennbaren Materialien in der Nähe sind und dass die Räucherkohle oder Kerze auf einer feuerfesten Oberfläche platziert ist.
- Jedes Kind reagiert anders auf Räucherdüfte. Beobachtet die Reaktion der Kinder und brecht das Räuchern sofort ab, wenn sie Anzeichen von Unwohlsein zeigen.

Geeignete Räucherstoffe

Zum Räuchern eignen sich zahlreiche wunderbare Räuchermittel, von Kräutern und Blumen über verschiedene Harze bis hin zu Hölzern und Rinden. Wählt für euer Räucherritual am besten immer den Räucherstoff aus, der euch gerade anspricht oder der zu eurer Intention gut passt.

Lavendel

Das buschige Strauchgewächs wurde während der Pestepidemien gerne zum Reinigen von schlechter Luft und zur Abwehr tödlicher Krankheitskeime verwendet. In den Rauhnächten wird das angenehm aromatische, frisch duftende Kraut gegen unerwünschte Energien verräuchert, die in den klirrend kalten Nebelnächten in die warme Stube gelangen möchten. Die Duftpflanze ist zentraler Bestandteil vieler Rauhnachtsräucherungen, die bereits gerne von den keltischen Druidenpriester*innen für sakrale Zeremonien und Weissagungen in den rauen Nächten der Wilden Jagd eingesetzt wurden. Dieser Wohlgeruch führt zu einem beglückenden Seelenzustand, er spricht mit den Menschen und umhüllt sie mit ihrer Aura. Er hilft, Vertrauen aufzubauen und das Neue zuversichtlich zu beginnen. Lavendel gilt daher seit der Antike als eines der wertvollsten Duftkräuter.

Bei Kindern ist Lavendel in Räuchermischungen wegen seines feinen Wohlgeruchs sehr beliebt. Er trägt sie in das Land der Träume und lässt ihre Fantasie zu Wirklichkeit werden. Der Zauber des natürlichen Lavendeldufts verwandelt jede noch so schwer zu meisternde Lebenssituation in einen Zustand der Leichtigkeit. Sein Wohlgeruch ist ein wohltuender und natürlicher Weg, um Körper, Geist und Seele mithilfe seiner ätherischen Öle in Einklang zu bringen. Er ermöglicht eine sehr sinnliche Erfahrung der Natur und eine wundervolle Art und Weise, ganzheitliches Wohlbefinden zu erleben. Er hilft Kindern, spielerisch ihre Herausforderungen im Alltag zu meistern. Jeder Tag bringt Situationen, in denen sie Mut, Trost und besondere Unterstützung brauchen. Lavendel ist dabei ihr unsichtbarer Begleiter, Ratgeber und Lehrmeister. Vor dem Schlafengehen trägt er dazu bei, dass Kinder besser schlafen und sich am nächsten Tag erfrischt fühlen. Seinen blumigen und leicht süßen Duft empfinden viele Kinder als angenehm. Sie verbinden ihn gerne mit positiven Erinnerungen, was zu einem Gefühl von Geborgenheit und Wohlbefinden beiträgt.

Styrax

Das harzig-vanillig duftende Styraxharz ist eine zähflüssige, goldgelbe Masse, die aufgrund ihres Aussehens auch als flüssiger Bernstein bezeichnet wird. Dieser Balsam wird aus Amberbäumen gewonnen, die hauptsächlich im Mittelmeerraum und Vorderasien gedeihen. Der magische Baumsaft war in der Antike einer der wichtigsten Räucherstoffe und wurde zu dieser Zeit gerne für Orakelräucherungen herangezogen. Styraxdämpfe, die im antiken Arabien aus den Räucherfässern emporstiegen, machten die Mädchen durch ihren Duft noch begehrenswerter. Daher war es im Land der sagenumwobenen Königin von Saba, dem Paradies aus Gold, Azur und Purpur, wo ewig Balsam, Weihrauch und Myrrhe fließen, ein wesentlicher Bestandteil der Räucherzeremonien.

Der Duft dieses göttlichen Harzes verbindet uns mit der Aura des Universums. Uns wird bewusst, dass unsere Wünsche und Träume erfüllt werden, wenn wir den kosmischen Energien vertrauen. Unser Geist wird uns dazu antreiben, mehr für unsere eigenen Ziele und Sehnsüchte zu tun. Besonders an herbstlichen und winterlichen Tagen lohnt es sich, mit diesem Duft an der Realisierung eigener Visionen zu arbeiten.

Kinder erkunden Schritt für Schritt das Leben, entdecken die Welt, betrachten staunend jeden Stein und jedes Blatt. Groß werden bedeutet aber auch, Herausforderungen zu meistern. Styrax ist ein wirksamer Helfer in ihrem Alltag. Er riecht vanillig, tut gut, gibt Kindern Halt und Eltern die Möglichkeit, ihren Kindern einfühlsam zur Seite zu stehen. Der erste Tag im Kindergarten, das Einschlafritual am Abend, der Gang in die Schule oder eine wichtige Klassenarbeit: Styrax beruhigt, gibt Geborgenheit, macht Mut und hilft, konzentriert zu bleiben.

Styrax hat einen süßen, warmen und beruhigenden Duft, den Kinder lieben. Sein sanftes Aroma ist subtil und nicht überwältigend, was ihn ideal für empfindliche Nasen macht. Styrax ist der Inbegriff von Harmonie. Er ist hervorragend geeignet, um eine liebevolle und einhüllende Stimmung zu erzeugen, und deshalb ein wunderbarer Räucherstoff für die ganze Familie.

Zimtrinde – ein Dufterlebnis für Kinder

Zimt ist ein beliebtes Gewürz, das aus der Rinde des Zimtbaums gewonnen wird. Er wird seit Jahrhunderten in verschiedenen Kulturen auf der ganzen Welt geschätzt, nicht nur für seinen köstlichen Geschmack, sondern auch für seine heilenden Eigenschaften. In der traditionellen chinesischen Medizin wird Zimt beispielsweise zur Förderung der Durchblutung und zur Stärkung des Immunsystems eingesetzt. Darüber hinaus hat Zimt auch eine lange Geschichte als Räucherstoff in verschiedenen spirituellen Praktiken. Im antiken Zeitalter ließen die Pharaonen jedes Jahr viele Tonnen Weihrauch zu Ehren der Götter verräuchern, und die Menschen bedufteten ihre Wohnstätte und Kleidung mit dem Rauch dieser kostbar-königlichen Substanz.

Zimt befreit Wohnungen und Häuser von deren Vergangenheit, desinfiziert die Stube von unliebsamen Energien und öffnet die Tore für das Neue. In seinen Duftwolken gelingt uns das Andocken an das Gedächtnis des Universums, wo alles Wissen vom Tage der Schöpfung an gespeichert ist. Der himmlische Duft dieses königlichen Baumsaftes entfaltet seine stärkste Energie während der winterlichen Jahreskreisfeste. Dann rüttelt er unsere innere Kraftquelle auf, berührt die unbekannten Tiefen unserer Spiritualität mit einer geheimnisvollen Note.

Der Duft von Zimt wirkt beruhigend, was Kindern hilft, sich zu entspannen und zur Ruhe zu kommen, insbesondere vor dem Schlafengehen. Zimt hat auch stimmungshebende Eigenschaften und hilft, die Stimmung zu verbessern und negative Gefühle wie Ärger oder Traurigkeit zu vertreiben. Seine luftreinigenden Eigenschaften sollen dazu beitragen, Bakterien und Keime in der Luft zu reduzieren, was besonders in der kalten Jahreszeit wichtig sein kann, um Erkältungen und Grippe vorzubeugen.

Zimtduft ist oft mit warmen, gemütlichen Erinnerungen verbunden, wie zum Beispiel an Weihnachten, Backen mit der Familie oder gemütliche Herbst- und Winterabende. Diese positiven Assoziationen erzeugen bei Kindern ein Gefühl von Geborgenheit und Wohlbefinden. Sie reagieren besonders positiv auf süße, würzige Düfte, da sie instinktiv als sicher und nahrhaft empfunden werden. In vielen Kulturen wird Zimt in traditionellen Festen und Ritualen verwendet. Kinder lernen von klein auf, diese Düfte mit festlichen Anlässen und besonderen Momenten zu verbinden, was den Duft von Zimt für sie besonders ansprechend macht. Zimt hat wärmende Eigenschaften, die körperlich und emotional beruhigend wirken. Dieser wohltuende Effekt trägt dazu bei, dass sich die kleinen Sprösse in Umgebungen mit Zimtduft besonders wohl- und sicher fühlen und viel Vertrauen gewinnen.

Das Räuchern mit Zimt kann auf verschiedene Arten erfolgen. Eine Möglichkeit besteht darin, Zimtstangen oder Zimtpulver auf Räucherkohle zu verbrennen. Dies erzeugt einen warmen, würzigen Duft, der den Raum mit einem angenehmen Aroma erfüllt. Eine andere Möglichkeit ist, getrocknete Zimtblätter oder -rinde in einem Teesieb einige Zentimeter über einer Kerze zu verbrennen, um einen sanften Rauch zu erzeugen.

Sandelholz

König Salomon ließ Teile seiner Tempel aus diesem erlesenen, wohlriechenden Holz bauen, denn das Schwelgen in seinem Duft war Teil einer königlichen Lebensweise, die auf die Göttlichkeit des Herrschers hindeutete.

Der bedeutendste Duftstoff des Altertums berührt mit seinem Rauch unsere Seele. Dabei spüren wir die Kräfte, die in uns wohnen, die uns umgeben und mit denen wir verschmelzen. In klirrend kalten Winternächten verbindet uns dieser atemberaubende Duft mit Engeln, die uns ständig umgeben und uns helfen, wenn wir sie darum bitten. Schließen wir die Augen, dann sehen wir sie hell strahlend. Sie erfüllen den ganzen Raum mit ihrem goldglänzenden Licht. Sie schützen uns, schenken Kraft und Zuversicht und wir können uns immer auf diese himmlischen Geschöpfe verlassen.

Sandelholz hat eine beruhigende und entspannende Wirkung auf den Geist und kann Kindern helfen, zur Ruhe zu kommen, insbesondere vor dem Schlafengehen. Sein warmer und erdiger Duft schafft eine harmonische Atmosphäre, lässt sie sich sicher und geborgen fühlen und befreit sie von belastenden Emotionen und Gedanken. Zudem verbessert sein magischer Duft die Konzentration und Aufmerksamkeitsspanne, vertreibt übelwollende Energien und erfüllt den Raum mit positiven Schwingungen.

Labdanum

Im Palast von Knossos, einem in Luxus schwelgenden Prachtbau der Antike, wehten einnehmende und verführerische Duftwolken dieses einzigartigen würzig-süßen schwarzen Harzes der Zistrose.

Beim Räuchern verbindet sein ambraartiger balsamischer Wohlgeruch uns mit der spirituellen Dimension jedes unserer einzelnen Chakren und führt uns in die wundersame und multidimensionale Welt der Feinstofflichkeit, die wir mit dem Alltagsbewusstsein nicht wahrnehmen. Dieser Duft wirkt in höchstem Maße auf das seelische und körperliche Wohlbefinden. Seine unsichtbaren Schwingungen lösen blockierende Muster auf, bauen Stress ab, heilen seelische Verletzungen und fördern das eigene spirituelle Wachstum besonders während der winterlichen Rauhnächte.

Der Duft von Labdanumharz gibt Kindern in Momenten der Abwesenheit ihrer Eltern ein Gefühl von Sicherheit, Trost und Geborgenheit. Der süß-blumige Wohlfühlduft vertreibt Furcht einflößende Fantasiewesen sowie beunruhigende Gedanken. Sein süßer und harziger Duft wirkt wie eine warme Umarmung für die Seele und lädt die Kleinen dazu ein, sich in den Moment zu vertiefen und die Schönheit des Augenblicks zu genießen.

Damaszenerrose

Die Damaszenerrose ist bekannt für ihren betörenden Duft und wird seit Jahrhunderten für ihre heilenden und beruhigenden Eigenschaften geschätzt. Obwohl sie nicht direkt als Räucherstoff verwendet wird, wird ihr Duft oft in Form von ätherischem Rosenöl oder getrockneten Rosenblüten zur Aromatherapie und Entspannung eingesetzt. Der magische Duft der Rosenblüten veranlasste römische Kaiser bei ihren Festen und Umzügen auf den Prachtstraßen ihrer imperialen Metropolen, Rosenblüten auf die Gäste herabregnen zu lassen.

Das himmlische Aroma harmonisiert das ganze Jahr über die feinstofflichen Hüllen unseres Körpers, bringt das Herz zum Schwingen und öffnet uns für die Hingabe an das Göttliche. Der Wohlgeruch der Damaszenerrose lehrt, liebevoller mit uns und anderen Menschen umzugehen, auf unsere eigenen Bedürfnisse und Wünsche zu hören und auf diese Weise ganz zu uns selbst zu finden. Verdrängte Wünsche, Sehnsüchte und Hoffnungen offenbaren sich, und unsere innersten Gefühle streben nach Verwirklichung. So wird es dir leicht ums Herz, mehr Freude und Harmonie treten in dein Leben ein. Du erkennst: Nur mit dem Herzen sieht man gut.

Der süße Duft von Rosenöl auf getrockneten Rosenblüten in einer mit Wasser gefüllten Duftlampe schafft ein beruhigendes Tagesausklangserlebnis vor dem Zubettgehen und zaubert eine wundervoll entspannte Atmosphäre. Ausreichend und gut zu schlafen ist gerade für Kinder von ganz besonderer Bedeutung. Ein Kindertag ist aufregend, voll von faszinierenden, eindrucksvollen, aber auch anstrengenden Erlebnissen. Umso wichtiger ist gerade für Kinder ein gesunder und entspannter Schlaf, und der bezaubernde Rosenduft hilft ihnen dabei. Der Wohlgeruch der Damaszenerrose hat eine beruhigende Wirkung auf die Sinne und kann Kindern helfen, sich zu entspannen und zur Ruhe zu kommen. Der süße und blumige Duft schafft eine warme und einladende Atmosphäre, die Trost spendet und das Wohlbefinden fördert. Zudem stärkt sie das emotionale Gleichgewicht und weckt positive Gefühle wie Liebe, Mitgefühl und Freude. Ihr Duft kann Kindern helfen, sich glücklich und geborgen zu fühlen und eine positive Einstellung zum Leben zu entwickeln, sowie die Kreativität und Vorstellungskraft anregen und ihre Sinne für die Schönheit und Magie der Welt um sie herum öffnen. Schließlich trägt ihr betörender Duft dazu bei, eine inspirierende und fantasievolle Atmosphäre zu schaffen, die der Vorstellungskraft von Kindern Flügel verleiht.

Mastix

Mastix ist ein Harz, das aus dem Mastixbaum gewonnen wird, der hauptsächlich im östlichen Mittelmeerraum beheimatet ist, die beste Qualität soll von der Insel Chios stammen. Schon in der Antike wurde Mastix für seine heilenden, reinigenden und spirituellen Eigenschaften geschätzt. Es wurde verwendet, um den Atem zu erfrischen, als Zutat in Parfüms und zur Reinigung von Wohnräumen und heiligen Tempeln. Zudem wurde es damals als Heilmittel für Magenbeschwerden, Zahnfleischentzündungen und Atemwegserkrankungen eingesetzt. Darüber hinaus verbrannte man Mastix in religiösen und spirituellen Zeremonien, um negative Energien zu vertreiben und eine Verbindung zur spirituellen Welt herzustellen. Mastix wird aufgrund seines angenehmen Duftes und seiner beruhigenden Wirkung auf die Sinne auch in der Parfümherstellung und in der Aromatherapie verwendet. Die Ägypter räucherten die hellgelben, transparenten Harzperlen in ihren Tempeln, um den Göttern nah zu sein und ihnen zu gefallen.

Sein ausströmender Zauber führt uns in eine Welt der feineren Wahrnehmung; wir verlassen die Enge des Alltags und schauen auf die Vielzahl der Türen, die immer offen stehen, die wir aber selten durchschreiten. Der Duft dieser Harzperlen geleitet uns in den dunklen Nächten ins Reich der Erkenntnis, sodass wir in jedem

Augenblick unseres Handelns intuitiv das Richtige tun, und bestärkt uns darin, unserer inneren Stimme zu folgen. In ihrem Wohlgeruch finden wir unseren Platz in der Welt, spüren unsere ureigene Vitalität und finden unsere einzigartige Vollkommenheit.

Für Kinder bedeutet Mastix eine faszinierende Möglichkeit, die Welt der Räucherstoffe zu erkunden und von ihren geheimnisvollen, beruhigenden und heilenden Eigenschaften zu profitieren. Der Duft von Mastix ist frisch, würzig und erfrischend, was eine angenehme und beruhigende Atmosphäre schafft, die es Kindern ermöglicht, sich mit ihrer inneren Welt zu verbinden und eine tiefe Ruhe zu empfinden.

Mastix hat einen frischen, leicht waldigen Duft, der oft an die Natur erinnert. Kinder reagieren positiv auf natürliche Düfte, die eine Verbindung zur Natur herstellen und ein Gefühl von Freiheit und Abenteuer vermitteln. Zudem erinnert der leicht süße Duft an andere angenehme, süße Wohlgerüche, die Kinder mögen, wie Vanille oder Honig. Diese leichte Süße macht den Duft zugänglich, wohltuend und angenehm für die empfindlichen Kindernasen. Der Duft von Mastix stimuliert die Sinne der Kleinen, und sie nehmen eine angenehme sensorische Erfahrung wahr.

Fichtenharz

Fichtenharz wird von Fichtenbäumen produziert, um Verletzungen zu heilen und den Baum vor Krankheiten und Schädlingen zu schützen. Erst wenn es völlig getrocknet am Stamm festsitzt, sollte es geerntet werden. Vorher benötigt der Baum diesen wertvollen Balsam, um die genannten Schutzfunktionen zu erfüllen. Seine Vielzahl an ätherischen Ölen, die für ihre antibakteriellen, entzündungshemmenden und beruhigenden Eigenschaften bekannt sind, verströmen einen geheimnisvollen und zugleich waldigen Wohlgeruch. Der Duft von Fichtenharz ist frisch, harzig und erdig, was eine angenehme und beruhigende Atmosphäre schafft.

Der balsamisch duftende Waldweihrauch, wie das Fichtenharz auch genannt wird, ist eines der besten Desinfektionsmittel für die

Stubenluft, reinigt die Aura, klärt und beruhigt den Geist, verbessert die Konzentration, tröstet und muntert auf. Er erdet den Körper, fördert das Selbstbewusstsein und schützt vor übelmeinenden Energien. In den Rauhnächten schärft dieses magische Baumharz die Intuition und ist daher hervorragend für Räucherungen geeignet, mit denen wir orakeln und in die Zukunft schauen können. Zudem unterstützt es uns dabei, persönliche Verletzungen besser loszulassen und den Blick auf das Neue zu richten. Es verleiht einem Neuanfang eine besonders intensive Kraft, wir erkennen dabei den Ruf des Lebens, das Abenteuer, dessen Protagonisten wir sind, mit Dämonen, gegen die wir kämpfen, Neuland, das wir entdecken und unserem neuen Ich, das wir befreien müssen, als säßen wir in einem verwunschenen Schloss gefangen.

Fichtenharz bringt die Kinderseelen zum Strahlen und Jubeln. Die Kleinen werden feststellen, dass dieser Duft der magische Schlüssel für das Erspüren der Geheimnisse des Lebens ist. Er wird ihre Lebensfreude vergrößern und lässt sie mit den Herausforderungen ihres Alltags besser zurechtkommen. Kinder lieben es, draußen im Wald dieses aromatische Harz zu sammeln, das an vielen Stämmen sichtbar herunterläuft oder schon lange vertrocknet ist. Sie wissen: In den Wald zu gehen, den Waldduft einzuatmen und das Grün auf sich wirken zu lassen, hat einen ganz besonderen, heilsam-magischen Zauber auf sie. Der Räucherduft von Fichtenharz erinnert sie ewig an diese beruhigende und erfrischende Erfahrung in der Natur. Die Kleinen genießen daher den Duft frischen Fichtenharzes und lieben die harmonische Atmosphäre, die es schafft, sowie das angenehm-magische Wohlbefinden, den freien Atem und die grenzenlose Entspannung.

Mentholkristalle

Mentholkristalle sind eine kristalline Form von Menthol, einem natürlichen Bestandteil von Pfefferminzöl. Sie haben einen erfrischenden und kühlenden Duft, der oft zur Linderung von Atemwegsbeschwerden, zur Entspannung der Muskeln und zur Schaffung einer belebenden Atmosphäre verwendet wird. Diese durchsichtigen Kristalle gelten als Geheimtipp der fernöstlichen Räucherstoffe. Sie entwickeln ihre höchste Magie in den Vollmondnächten der klirrend kalten Jahreszeit. Zur feinstofflichen Reinigung der Stube reichen wenige Messerspitzen, um die Atmosphäre wieder mit Harmonie und Lebensglück zu füllen. Dank ihres betörend-aromatischen Rauchs erlangen wir hellsichtige Klarheit sowie Visionen – Erlebnisse, die mit unserem Verstand nicht wahrnehmbar sind. Wir werden unsere Lebensaufgabe erfahren und verstehen, dass es kein kosmischer Zufall war, dass wir gerade jetzt auf der Erde sind. Schon vor der Erschaffung des Universums hatte die Schöpfung eine genaue Vorstellung von uns und schuf uns zu einem bestimmten Ziel und Sinn. Wir werden eine geheimnisvolle Macht spüren, die uns zu diesen Erfahrungen verhilft. Lauschen wir, dann werden wir ihre Botschaften hören.

Zum Räuchern könnt ihr einige Kristalle in eine Duftlampe mit heißem Wasser geben und den aufsteigenden Dampf inhalieren, um die Atemwege zu klären und die Sinne zu erfrischen. Dies kann besonders nützlich sein, um Erkältungs- und Grippebeschwerden zu lindern oder um einfach einen Energieschub zu bekommen.

Der Duft von Menthol wirkt erfrischend und belebend. Er erzeugt ein kühlendes Gefühl, das Kinder verzaubert und ihre Energie und Wachsamkeit beflügelt. Die Kleinen verbinden den Duft von Menthol mit Fürsorge und Heilung, was ihnen ein Gefühl von Geborgenheit und Sicherheit verleiht. Der markante, kühlende Wohlgeruch bietet eine starke sensorische Stimulation, die Kinder mit geheimnisvollen Schwingungen umarmt. Diese intensive Frische bedeutet eine willkommene Abwechslung zu alltäglichen Gerüchen und inspiriert ihre Sinne. Menthol hat eine beruhigende Wirkung auf die Atemwege und kann das Atmen erleichtern. Kinder, die Erkältungen oder verstopfte Nasen haben, erleben Erleichterung durch diesen frischen Duft, der sie auch an wohltuende Momente erinnert, wie das Einreiben mit einer wärmenden Salbe durch ein Familienmitglied oder das Lutschen eines Mentholbonbons. Diese positiven Erlebnisse verstärken das Gefühl des Umsorgtseins, der Ruhe, Harmonie und Ausgeglichenheit, alles Empfindungen, die die Immunabwehr stärken.

Süssgras – berauschender Duft der Sonne

Das Aroma des süß duftenden Süßgrases (Mariengras) trägt das Geheimnis uralter Weisheit in sich, eine Weisheit, die vielen alten spirituellen Kulturen der Welt zu eigen ist. Es erzeugt jene beruhigende und ausgleichende Wirkung für die Umgebung, in der eine Entspannung von Körper, Intellekt und Geist möglich werden kann. Sein Duft ist intensiv aromatisch-vanillig, gleichzusetzen mit frisch geschnittenem Heu, dessen magischer Wohlgeruch die Sinne entrücken lässt. Mit seinem mystischen Hauch spüren wir besonders an sonnigen Wintertagen die Gegenwart und das Jetzt. Wir erkennen dabei: Es gibt nur diesen Moment. Und darin liegt seine Kraft. Denn das Jetzt ist der Eingang zu unserer tiefsten inneren Glückseligkeit, zu ewigem Sein, zu der Harmonie, die wir ein Leben lang ersehnen.

Der süße Duft und die sich friedlich ausbreitende Atmosphäre können Kindern helfen, sich von einer tiefen Gelassenheit umgeben zu fühlen, zu entspannen, zur inneren Ruhe zu finden und eine magische Verbindung zur Natur herzustellen. Kinder können Mariengras bei Meditationen, Gebeten oder einfach als Teil ihres täglichen Rituals verwenden, um einen Moment der Achtsamkeit zu schaffen.

Eine durch den Duftzauber von Süßgras herbeigeführte entspannte Spielatmosphäre hilft Kindern dabei, ihre Kreativität zu entfalten, Grenzen zu erforschen und spielerisch die Welt zu erobern. Egal ob allein, mit Freunden, Geschwistern oder Eltern – der Duft sorgt für eine ausgeglichene Spielatmosphäre, fördert die Fantasie und lässt die Kleinen zu großen Künstlern werden.

Palo-Santo-Stäbe

Palo Santo, was übersetzt »heiliges Holz« bedeutet, stammt aus den Wäldern Südamerikas, insbesondere aus Peru und Ecuador. Es ist ein harzreiches, aromatisches Holz, das oft für spirituelle Zwecke verwendet wird, und einen süßen, holzigen Duft verströmt, der an eine Mischung aus Kokos, Weihrauch, Vanille und Mandel erinnert. Um Palo-Santo-Stäbe zu räuchern, zündet ihr den Stab an, wedelt ihn aus (nicht auspusten), und lasst ihn nachglühen. Alternativ könnt ihr auch Späne abschaben und sie auf glühender Kohle oder einer Räucherplatte mit Sand genießen. Achtet darauf, dass der Stab eine gute Glut entwickelt. Dieses magisch-balsamische Holz wird in Peru seit Jahrtausenden verwendet, um böse Geister und negative Energien zu vertreiben. Es heißt, sein charakteristischer Duft werde wohlwollende Gedanken herbeirufen.

Kinder schöpfen mit diesem Wohlgeruch aus den unendlichen Tiefen des Urvertrauens, gewinnen also ein tiefes, grundsätzliches Vertrauen in sich selbst, in andere Menschen und in das Leben an sich. Wenn tröstende Worte und gutes Zureden alleine nicht mehr ausreichen, kommt der heilende Duft dieses magischen Holzes zum Einsatz, um unüberwindliche Hürden zu meistern und daran zu wachsen. Sein verzaubernder Duft sorgt für ein wohliges Gefühl von Halt, Sicherheit sowie Geborgenheit und öffnet die Pforten der Intuition, was elementar für einen gesunden Lebensweg ist.

Kapitel 7

Die zwölf magischen Rauhnächte zwischen den Jahren

Die Rauhnächte sind eine Zeit, in der wir zu unserer Natürlichkeit, Authentizität und Ursprünglichkeit zurückfinden können. Sie prägen unsere Identität, die so wichtig für das Gelingen unseres Lebens ist. Es ist eine Auszeit vom Alltag, die die Sehnsucht nach Freiheit, Sorglosigkeit und Gesundheit stillt – all dies soll diese faszinierende Zeit ankurbeln. In der Stille dieser dunklen Nächte durchwandert unser Geist unsichtbare Dimensionen und erspürt geistige Eingebungen. Wie in einem Zustand der Trance nehmen wir Naturerscheinungen wahr, die Impulse in uns auslösen und sich in Ideen verwandeln. Bei dieser magischen, dunklen Zeit handelt es sich um jene zwölf Tage und Nächte, die zwischen dem Mondjahr mit 354 Tagen und dem Sonnenjahr mit 366 Tagen liegen. Daher stammt der Ausdruck von der »Zeit zwischen den Jahren«. Es handelt sich um Schalttage, die unsere keltischen Vorfahren zu ihrem Jahreswechsel, damals Samhain, einfügten. Als Nächte wurden diese Tage bezeichnet, da sie sich in der Nacht, der dunklen Zeit des Jahreskreises, befinden. Alles musste in der Zeit der inneren Einkehr aufgeräumt sein, es durfte keine Wäsche auf der Leine hängen, und an den Tagen wurden besonders viele Bohnen, Erbsen und Linsen gegessen, weil sie angeblich Glück bringen sollten. Da sie als Lieblingsspeise der rauhnächtlichen Geister galten, wurden sie vor die Behausungen gestellt, damit sich die vorbeiziehende Wilde Jagd daran laben konnte und als Freude darüber die Bewohner mit Glück und Lebensmut belohnte. Im Zuge der Christianisierung wurden die Namen der germanisch-keltischen Gottheiten durch christliche Heiligennamen ersetzt. Die Rituale aber ließen sich die Heiden trotz aller Gewalt nicht nehmen, und so feiern wir heute noch die gleichen Feste wie zur vorchristlichen Zeit, nur unter anderem Namen.

Durch Beschwörungen geht ein Schutzzauber nieder, der uns auch gleichzeitig die Pforten in die andere Welt öffnet und den Zugang zu übersinnlichen Dimensionen schafft. Tiere im Stall sollen um Mitternacht mancher Rauhnächte die menschliche Sprache sprechen und über die Zukunft erzählen. Hören wir ihnen zu, und lassen wir uns durch ihren Geist inspirieren. Die stillen Zaubernächte sind auch die Zeit der inneren Einkehr, der Besinnung und der Fragen nach dem Sinn des Lebens. Unsere innere Stimme meldet sich hörbar, und der Wunsch nach Volksmärchen wird in diesen magischen Tagen immer lauter. Die Rauhnächte weisen einen Übergang zum Übersinnlichen, zur Anderswelt und erzählen von Göttern und Geistern, Naturwesen und Ahnen. Gedanken und Gefühle unserer Vorfahren liegen in ihnen verborgen, die uns mit der tröstenden Seele und dem Lebenselixier der magischen Natur in dunklen Wäldern, auf blühenden Wiesen und mystischen Bergen verbinden. Die zwölf Rauhnächte ergeben sich zwar aus der Differenz der Tage des Mond- und Sonnenjahres, doch wohnt dieser Zahl noch ein ganz besonderer Zauber inne. In den vergangenen Jahrtausenden war das Dutzend eine übliche Maßeinheit – ebenso wie sein Vielfaches. Die Zahl Zwölf hat in vielen Kulturen eine herausragende Bedeutung: Ein Sonnenjahr umfasst zwölf Mondzyklen und teilt das Jahr in zwölf Monate ein. Der Tag besteht aus zweimal zwölf Stunden, es gibt zwölf Tierkreiszeichen, zwölf Apostel und die zwölf Stämme Israels. Die Zahl Zwölf ergibt gefühlt eine Einheit, sie steht für Vollkommenheit, Magie und Zauber, der sich durch das ganze Leben zieht. Zudem resultiert die Zahl Zwölf aus dem Produkt der Drei (Symbol für das Göttliche – die Dreifaltigkeit) und der Vier (Symbol für Ordnung – die vier Himmelsrichtungen). Deren Summe führt zur magischen Sieben, die Zahl der sieben Weltwunder und der Anzahl der Tage in der Schöpfungsgeschichte. Im Märchen signalisiert die dreizehnte Fee das Unglück, was die Vollkommenheit, die Harmonie und das Gleichgewicht stört und zum Fluch der Dreizehn führt.

Meditationen in der magischen Zwölfenzeit geben uns die Möglichkeit zur Selbsterkenntnis. Wir tauchen ein in die Geheimnisse des Kosmos und der Urkraft des Universums. Die stille Konzentration auf die Wesen der Schöpfung lässt uns in die Tiefen der Weisheit eintauchen und die Kräfte der Erde spüren. Die magischen zwölf Nächte werden flankiert vom Heiligen Abend und dem Dreikönigstag, beides ganz besondere und zauberkräftige Nächte im Jahreskreis, die oft als Wächter der heiligen Zeit auftreten, aber je nach Region und Deutung nicht immer dazugehören.

Die magische Zeit der Rauhnächte zwischen Weihnachten und dem Dreikönigstag bewusst wahrzunehmen und mit Ritualen wie dem Räuchern zu begleiten, begeistert zunehmend junge Menschen und ganz besonders Kinder, die sich nach Traditionen sehnen, weil sie spüren, dass diese ihnen Halt, Sicherheit und Geborgenheit geben. Da in dieser Zeit meist keine Verpflichtungen liegen und Familien traditionell beisammen sind, eignen sich die zwölf Nächte besonders gut, um gemeinsam mit den Kindern die Natur bewusst zu erleben und Momente familiärer Verbundenheit zu erschaffen.

24. Dezember – Heiliger Abend – Begegnung mit dem Unsichtbaren

Der Heilige Abend geht zurück auf ein heidnisches Fest, die Wintersonnenwende. Was wir als Ende des Jahres empfinden, war in vorchristlichen Zeiten ein hoffnungsvoller Anfang, dem mit Freude, Feiern und Ausgelassenheit entgegengeblickt wurde. Der Heilige Abend gilt als traditionelles Familienfest, das Eltern, Kinder und Großeltern gemeinsam feiern. Dem Zauber dieser magischen Nacht geht ein geschäftiges Treiben voraus, bei dem der Weihnachtsbaum im Mittelpunkt des Geschehens steht. Ursprünglich war er der Weltenbaum Yggdrasil, ein schamanischer, heiliger Baum, der die fruchtbare Natur verkörperte und die Welten der Menschen, Geister, Götter und Ahnen verband. Wir schmücken den Baum, wie seit Jahrtausenden, mit heiligen und magischen Symbolen. Mit roten Kugeln als Sinnbilder für die Winteräpfel, die den Menschen während der frostigen Nächte nicht nur Lebenskraft spendeten, sondern als Zeichen immerwährender Jugend an ein ewiges Leben erinnerten. Die goldenen Nüsse der Weisheit hängen wir bis heute an diesen magischen Lebensbaum, weil sie einen Hauch der Mystik, Freiheit und Wirklichkeit unserer heidnischen Vorfahren offenbaren, der immer noch tief in unserer Seele als Sehnsucht verborgen liegt.

Auch heutzutage sind wir verzaubert von dem Baumkult früherer Zeiten und holen uns mit dem immergrünen Lichterbaum als Zeichen des ewigen Lebens den Wald und die Natur in die warme Stube. Ein in die Tiefen unserer Seele eindringender Tannenduft durchflutet jede einzelne Zelle unseres Körpers und lässt uns eins werden mit den himmlischen Botschaften, die wir an diesem festlichen Tag besonders stark aufnehmen können, wenn wir mit geschlossenen Augen und langsamem, tiefem Atem unseren Geruchs- und Gefühlssinn besonders schärfen.

Schon bevor man begann, zum Weihnachtfest einen Tannenbaum aufzustellen, war es üblich, das Haus mit Mistelzweigen, Tannengrün, Kiefern- und Tannenzapfen zu dekorieren. Bei den Kelten war es Sitte, dass sich Liebespaare unter einem Mistelzweig küssen, der einst als magisches Symbol der Zauberkraft der Druiden, der Magier unserer Vorfahren, galt.

Die Suche nach sich selbst braucht die Nähe der Natur, deshalb schmücken wir eine Fichte oder Tanne als Weihnachtsbaum in unserer warmen Stube, die wir mit dem Weihnachtsschmuck aus zahllosen bunten Glaskugeln, Zapfen und anderen Accessoires in ein Wintermärchen verwandeln. Wir singen und feiern ausgelassen mit unseren Lieben in dieser mystischen Rauhnacht und beschwören mit Gesang und Ausgelassenheit die Geister der Anderswelt, um uns im kommenden Jahr mit Glück und Zuversicht zu belohnen – so wie damals vor über zweitausend Jahren, als unsere Vorfahren sich mit diesem Ritual auf ein neues fruchtbares und sonnenreiches Jahr einstimmten.

Der Glaube an das Christkind war bei uns zu Hause kein Glaube. Wir spürten seine wahre Existenz, seine Energie, wenn wir am Heiligen Abend das zarte Klingeln des Glöckchens vernahmen, wenn unser Atem stockte und wir bei jedem Schritt in Richtung Stube, wo wir die Geschenke des Christkinds erwarteten, der Ohnmacht nahe waren. Dann öffnete mein Vater die helle, hölzerne Tür der Wohnstube, und der Zauber von Weihnachten, das magische Licht der Kerzen und der Glanz der bunten Weihnachtskugeln am Baum erfüllte uns mit einer Ehrfurcht, die unsere Knie zittern ließ. Alles war echt, auch das Christkind, das wir allerdings nie zu Gesicht bekamen, weil es nach dem Ablegen der Geschenke gleich wieder aus dem offenen Fenster entwichen war, um die anderen Kinder in unserem Dorf aufzusuchen. Die Magie, das ohnmächtige Gefühl kurz vor dem Anschlag meiner Sinne – alles war real. Das Geheimnis von Weihnachten offenbarte sich, der Zauber von Liebe durchströmte meinen ganzen Körper. Bis heute können wir dieses Gefühl erleben, es ergreift uns, wenn die Liebe ruft, wenn wir ihr folgen sollen, sei der Weg auch noch so steinig und steil. Sie fördert unser Wachstum, unsere Reife hin zu einem einmaligen Menschen.

Der Zauber des Christkinds

»Vom Himmel hoch, da komm ich her und bringe euch gute, neue Mär.« Alles begann mit der Geburt Jesu, dem Christkind: Seine Geburt feierten und feiern die Christen am 24. Dezember. Doch gerät die religiöse Botschaft der Menschwerdung Christi immer mehr in den Hintergrund. Das Christkind wird zunehmend mit einem engelsgleichen Wesen in Verbindung gebracht, das durch den Himmel fliegt, Geschenke in die Häuser bringt und den Zauber der Weihnachtszeit verkörpert.

Kinder lieben das Christkind, da es eng mit den Traditionen der Weihnachtszeit verbunden ist. So erscheint es als eine liebevolle und wohlwollende Figur, die Wärme, Zuneigung und Güte verkörpert. Kinder fühlen sich von liebevollen Wesen angezogen und entwickeln eine natürliche Zuneigung und Verbundenheit zu ihnen. Sie assoziieren das Christkind mit den Geschenken, die sie am Weihnachtsabend erhalten, und sehen es als eine Quelle von Freude, Wunscherfüllung und Überraschung.

Das mystische Erleben des Christkinds zusammen mit Kindern macht das Weihnachtsfest auch für Erwachsene wieder zu einer ganz besonderen, zauberhaften Angelegenheit. Geheimnisvoll, magisch und unvergessen. Genau so empfinden es auch die Kleinen. Voller Freude und mit unfassbarer Spannung und unbeschreiblichem Staunen erleben sie das Unbegreifliche, das Unsichtbare als Realität. Leuchtende Kinderaugen, wenn das Christkind still und heimlich die Geschenke gebracht hat. Sie erfahren tatsächlich Wunder, denn sie glauben an das Christkind. In solch aufregenden, spannenden Momenten braucht es Rituale, die stützen, Geborgenheit schenken und das Erleben fassbar machen. Sie schenken Halt und Struktur und gleichzeitig heimatliche und familiäre Identität, die Stützpfeiler einer gesunden Entwicklung und kraftgebend.

Über Nacht ist der Wald oft weiß, glitzernd und geheimnisvoll geworden. Jetzt wird bald das Christkind zu den Menschen kommen! Gesehen hat es noch kein Kind ... nur Papa oder Mama haben einmal ein helles Glöckchen gehört oder ihm sogar geholfen, den Baum zu schmücken oder das Fenster zu öffnen.

Um ihm eine Freude zu bereiten, stellt man ihm einen kleinen Teller mit Gebäck, Hagebutten, Nüssen und ein Glas Wasser oder Orangensaft auf den Gabentisch oder unter den Weihnachtsbaum. Diesen Proviant soll es ganz besonders lieben, wird es doch auch zwischendurch sehr hungrig, wenn es die ganze Nacht beschäftigt und unterwegs ist.

Das Christkind ist in der Regel das erste Wesen, das Kinder mit Magie, Zauber und Kontakt zu anderen Wesen und Welten bringt. So werden sie spielerisch an eine mögliche unsichtbare Welt herangeführt, die man nicht sehen, aber oftmals fühlen kann. Wie sehr sie in ihrem Leben damit weiter zu tun haben möchten, entscheiden sie dann später selbst.

Damit das Christkind kommt, malen Kinder ihm hin und wieder ein Bild oder schreiben ihm ein paar Zeilen. Mit etwas Glück hinterlässt es sogar einen Antwortbrief.

Vorbereitung auf die Ankunft des Christkinds

Vor dem Baum fassen wir uns an der Hand und singen lustige Weihnachtslieder, wir können auch wunderschön tanzen bei Weihnachtsmusik für Groß und Klein aus aller Herren Länder. Kinder lieben dabei die Stimmen von Micky Maus oder den Schlümpfen, die fleißig alle Weihnachtslieder gelernt haben. Wenn sich die Familie zur Weihnachtszeit um den Christbaum versammelt, sind Spannung, Spaß und viel Freude garantiert.

Kinder können es ab dem frühen Morgen des Heiligen Abends kaum noch erwarten, bis die mystische Stunde seines Erscheinens anbricht. Daher nachfolgend einige Vorschläge, die die Zeit des Wartens auf das Christkind verkürzen:

- Verbringt den Tag mit weihnachtlichen Aktivitäten, um die Vorfreude zu steigern. Dazu gehören das Dekorieren des Hauses mit Weihnachtsschmuck, das Ausmalen weihnachtlicher Malbücher oder das Singen von Weihnachtsliedern.
- Die Kleinen können ihr Zimmer für den Besuch des Christkinds vorbereiten, indem sie ihr Zimmer aufräumen und ihm einen gemütlichen Platz zum Ausruhen schaffen. Sie können eine Tasse Milch, Wasser, Kekse und Nüsse für das Himmelswesen als Proviant bereitstellen und ihm einen Brief oder ein Bild hinterlassen.
- Kinder fühlen sich wohl, wenn sie etwas zum Weihnachtsabend beitragen können, und helfen gerne bei den Vorbereitungen, wenn man sie lässt. Kinder decken beispielsweise gerne den Tisch zum gemeinschaftlichen Abendessen mit ein.
- Lest den Kindern am Mittag Weihnachtsgeschichten vor, um die Vorfreude zu steigern und die Magie der Weihnachtstage zu erleben. Diese Geschichten beflügeln die Fantasie der Kinder und gestalten die bevorstehende Bescherung zu einem unvergesslichen Erlebnis voller Staunen und Erleben. Märchen, Erzählungen und Sagen berichten von sagenhaften Gestalten wie der guten Frau Holle, der Wilden Jagd und sprechenden Tieren. In vielen Geschichten verweben sich Vergangenheit und

Gegenwart. Denn in der Zeit zwischen den Jahren leben in den Sagen, Legenden und modernen Geschichten wundersame Bräuche und auch so mancher Aberglaube bis heute fort.

- Ein Spaziergang in der Natur am späten Nachmittag oder frühen Abend kann eine schöne Möglichkeit sein, die Vorfreude auf das Christkind zu genießen und frische Luft zu schnappen. Kinder lieben es, dabei die winterliche Landschaft zu bewundern, und freuen sich auf die Rückkehr nach Hause. Liegt Schnee, toben die Kinder nur zu gerne im Freien, bauen einen Schneemann mit Sonnenbrille, einer roten Weihnachtskugel als Winternase und einem lachenden Mund aus goldenen Nüssen.
- Kinder lieben es, den Himmel zu beobachten und nach einem hellen Licht Ausschau zu halten, das das Erscheinen des Christkinds ankündigt. Dies ist ein besonders aufregendes Unterfangen, das die Vorfreude auf den magischen Moment der Bescherung steigert.
- Am wichtigsten ist es, den Heiligabend als besondere Zeit der Gemeinschaft und des Zusammenseins mit der Familie zu genießen. Gemeinsames Lachen, Spielen, Singen und Warten auf das Christkind verstärken den Zauber dieser Rauhnacht.

Ein Brief an das Christkind

Wer dem Christkind vor Heiligabend einen Brief schreiben möchte, erledigt das am besten in den beiden ersten Adventswochen. Es soll zurückgezogen in einem einfachen Häuschen wohnen und ist wie jedes Jahr zur Weihnachtszeit äußerst beschäftigt. Es verfügt über einige Postämter, wo es alle eure Briefe entgegennimmt:

An das Christkind

9405 Wienacht

Schweiz

An das Christkind

51777 Engelskirchen

Die Magie des Weihnachtsmanns

Da die Kinder auf der Welt gar so viele sind, wird das Christkind seit dem 19. Jahrhundert vom Weihnachtsmann unterstützt, dem freundlichen netten Herrn aus dem hohen Norden. Die Figur des Weihnachtsmannes geht auf den heiligen Nikolaus zurück. Nikolaus war im 4. Jahrhundert Bischof von Myra, einer kleinen Stadt in Kleinasien, der heutigen Türkei. Er soll laut Überlieferung als Sohn reicher Eltern sein gesamtes Vermögen unter den Armen verteilt haben. Heute, viele Jahrhunderte später, bringt er immer noch unendlich viele Gaben am 24. Dezember in die Zauberwelt unserer Kinder. Er kommt auch nicht mehr aus Myra, sondern von weit oben im Norden aus Lappland oder vom Nordpol, wo die Winter lang, kalt und dunkel sind. Dort soll ein kleines Dorf liegen, in dem der Weihnachtsmann mit seinen Wichteln wohnt. Das ganze Jahr hindurch, von früh bis spät, wird dort gehämmert und gesägt, gedruckt und geleimt, gedrechselt und gehobelt, dass die Späne nur so fliegen. Denn der Weihnachtsmann und seine Wichtel sind dafür zuständig, dass die Weihnachtswünsche aller Kinder erfüllt werden. Und die Kinder haben heute viele Wünsche!

Schon in der Adventszeit können die Kleinen einen Brief an den Weihnachtsmann schicken, indem sie nicht nur ihre Wünsche ganz aufgeregt notieren, sondern ihm auch ein Bild malen können, über das er sich ganz besonders freut. Vielleicht haben sie auch noch Fragen an den liebenswürdigen, alten Herrn. Danach schickt ihr den Brief an eine der folgende Adressen:

An den Weihnachtsmann

Weihnachtspostfiliale

16798 Himmelpfort

An den Weihnachtsmann

Himmelsthür

31137 Hildesheim

An den Weihnachtsmann

99706 Himmelsberg

Die Post an den Weihnachtsmann sollte in der Regel bis zum 2. Advent angekommen sein, dann erreicht euch die Antwort meistens noch vor Heiligabend – wenn euer Absender auf dem Brief steht.

Am Heiligen Abend zieht der Weihnachtsmann, ein großer, fröhlicher alter Herr mit weißem Haar, weißem Bart, roter Mütze und Hose sowie rotem Wintermantel und schweren, dunklen Stiefeln, auf seinem magischen Schlitten, gezogen von majestätisch wirkenden, stolzen Rentieren, in Windeseile durch den winterlichen Himmel und fliegt über die Dächer der Städte und Dörfer. Damit er in

Ruhe die Geschenke in die Häuser bringen kann, laden viele Eltern ihre Kinder zu einem Spaziergang durch die winterliche Natur ein oder die Kinder singen in ihrer Stube fleißig Weihnachtslieder, während die Eltern dem Weihnachtsmann das Fenster öffnen und ihm bei dem Ablegen der Geschenke behilflich sind. Schließlich hat er die ganze Nacht viel zu tun, wenn so viele Kinder auf seine Gaben warten.

Der kindliche Zauber der Weihnacht

Weihnachten bedeutet für Kinder die atemberaubendste und schönste Zeit im Jahr. In den Tagen voller Wunder kommen sie aus dem Staunen und Träumen nicht mehr heraus. Die Vorstellung von einem Mann, der in einer einzigen Nacht um die Welt reist, um Geschenke zu verteilen, empfinden sie als äußerst faszinierend und magisch. Er wird oft als eine Art Zauberer oder mystische Figur vorgestellt, der in der Lage ist, unmögliche Dinge zu tun, was die Kleinen sehr fasziniert.

Für viele Kinder ist der Glaube an den Weihnachtsmann oder das Christkind ein wichtiger Bestandteil ihrer Kindheit. Sie glauben fest daran, dass sie real sind und tatsächlich Geschenke bringen. Dieser Glaube ermöglicht es ihnen, in eine Welt der Magie und des Wunders einzutauchen, und vermittelt eine Ahnung, wie wundervoll das Leben sein kann. Zudem regt das Geheimnis um diese zauberhaften Wesen aus dem unerreichbaren Himmelreich hinter den Sternen zu Fantasie und Kreativität an, wichtige Bausteine in der Gestaltung eines erfolgreichen Lebens. Dies kann dazu beitragen, die kritische Denkfähigkeit der Kinder zu fördern. Im Laufe der Zeit beginnen viele Kinder, Fragen zu stellen, und beschäftigen sich mit dem Gedanken, ob diese Figuren wirklich existieren. Diese Phase des Zweifels und der Neugier ist eine wichtige Entwicklung für Kinder, da sie lernen, selbstständig zu denken und Informationen zu hinterfragen.

Der Glaube an den Weihnachtsmann oder das Christkind hilft Kindern auf alle Fälle, ihre emotionalen Fähigkeiten zu entwickeln. Indem sie an diese himmlischen Figuren glauben und auf deren

Ankunft warten, üben Kinder Geduld, Hoffnung und Vertrauen. Sie lernen auch, ihre Wünsche und Bedürfnisse auszudrücken, indem sie Briefe an den Weihnachtsmann schreiben oder ihre Wünsche laut aussprechen.

Um die Zeit auf den Weihnachtsmann etwas zu verkürzen, lohnt es sich, die gleichen Aktivitäten durchzuführen wie schon beim Christkind aufgezählt.

Heiligabendräucherung:

Christkind und Weihnachtsmann freuen sich ganz besonders, wenn ihr sie mit einer Räucherung empfangt: Legt dazu in eine Duftlampe Samen von Sternanis für eine warme und einladende Atmosphäre, Kardamom für eine magische Stimmung, Zimtrinde für den Zauber des Abends sowie erfrischende Zitronen- und Orangenschale, die das Gefühl von Freude und Geborgenheit verströmen. Die warme Flamme des Teelichts verbreitet den geheimnisvollen Duft dieser Räucherstoffe in der ganzen Stube und verzaubert die beiden Himmelsboten.

25. Dezember – 1. Rauhnacht – Wichtelweihnacht

Die stimmungsvolle Atmosphäre vom Vorabend hat sich in der ganzen Stube ausgeweitet. Jetzt ist der Zauber von Weihnachten in jeder Zelle unseres Körpers zu spüren. Schon zu Mittag oder mancherorts auch erst gegen Abend treffen sich nun Eltern, Kinder, Enkelkinder, Verwandte und Freunde, um in einem bezaubernden Ambiente ein heiteres, unbeschwertes Fest zu feiern und sich von den liebevoll zubereiteten Köstlichkeiten der Eltern verwöhnen zu lassen. Im Mittelpunkt des traditionellen Festessens am ersten Weihnachtstag steht in vielen Familien die Weihnachtsgans. Die Tradition des Gänsebratens geht auf unsere Vorfahren zurück, die mit der kulinarischen Zubereitung des Fleischs an den magischen Flug in die geistige Welt erinnerten. Zudem kündigten die wilden Zugvögel den Jahreswechsel an, den unsere Vorfahren früher zu Samhain, am 1. November, feierten, und eine entsprechend magische Bedeutung kam diesen Tieren zu.

An Weihnachten bringen alle Gäste Geschenke mit und legen sie unter den festlich geschmückten Weihnachtsbaum – ein Brauch, der seinen Ursprung bereits in der Antike hat. Im alten Rom tauschte man zum Jahreswechsel kleine Gaben aus, Olivenzweige, getrocknete Früchte, Honig, vergoldete Nüsse und andere Glücksbringer, um den Abschluss des Jahres, der mittlerweile auf die Wintersonnenwende verlegt war, zu feiern.

Der Weihnachtswichtel

Wichtel, diese gutherzigen, kleinen Wesen mit dickem Bauch und Knollennase, roter Mütze und weißem, langem Vollbart, lieben besonders gerne Weihnachten. Normalerweise leben sie auf Höfen, in Scheunen oder tiefen, dunklen Wäldern, doch an Weihnachten suchen sie die Häuser der Menschen auf und beobachten sie beim Feiern. Wie gerne würden sie an unseren Tischen sitzen und mit uns feiern, lachen, trinken und essen. Doch das geht leider nicht, da sie für uns Menschen unsichtbar bleiben müssen, weil sie sonst für immer ihre Zauberkräfte verlieren.

Möchtet auch ihr einem Wichtel an Weihnachten eine Freude bereiten, lasst ihn bei euch einziehen, baut ihm ein Zuhause mit einer Wichteltür wie auf den Seiten 152 und 153 beschrieben. In der Nacht auf den ersten Weihnachtstag schleicht er dann im Mondlicht auf leisen Sohlen in euer Haus. Sobald euch die Augen vor Müdigkeit zugefallen sind und ihr in tiefe Träume versunken seid, huscht er sogar in eure Stube. Dann schenkt euch dieser kleine Hausgeist wunderschöne Träume und verjagt böse Monster unter euren Bettchen.

Gleichzeitig beginnt der kleine Hausbewohner mit seiner Arbeit. Manchmal baut oder bastelt er etwas für die Kleinen, schreibt einen Brief oder eilt in die Küche und backt Kekse. Dabei hinterlässt er Spuren wie Fußabdrücke im verschütteten Mehl, Kekskrümel auf dem Fußboden oder nascht auch gerne mal von der Schokolade im Küchenschrank oder den Gummibärchen in den Stuben der Kinder. Aber keine Angst, er kann nichts davon wirklich wegessen. Mehr als ein Stecknadelkopf großes Stück schafft er nicht.

Nach getaner Arbeit möchte er aber auch noch seinen Spaß haben und treibt allerhand Schabernack im Haus. Gelegentlich tauscht dieser Schlingel die Kerzen am Adventskranz gegen Karotten aus, versteckt Spielsachen, Schuhe oder Strümpfe oder färbt die Milch fürs Müsli oder den Kakao blau, gelb, orange oder grün ein. Wo hat er nur diese Lebensmittelfarbe her?

Dieser unsichtbare Geselle kommuniziert nur über Briefe vor seiner Wichteltür mit euch oder erscheint euch nachts in euren geheimnisvollen Träumen. Dann spricht er zu euch, lacht mit euch und tröstet euch, wenn ihr traurig seid. Er meint es einfach immer sehr gut mit euch und freut sich ganz besonders, wenn ihr ihm auch mal ein schönes Bild malt. Am Ende der Rauhnächte zieht er wieder aus und freut sich schon riesig auf das nächste Jahr, wenn ihr ihn wieder mit einer Wichteltür ruft.

Wichtelräucherung

Wichtel lieben den süß-vanilligen Duft von Styrax. Kombiniert ihr diesen Wohlgeruch mit zarten Rauchschwaden von Rosenblüten und Mastix, springt der kleine Schelm minutenlang vor Freude hinter seiner Tür und fängt an, für euch zu singen. Normalerweise ist seine Stimme für Menschenkinder nicht hörbar, aber vielleicht gelingt es den Kleinen doch einmal, seiner feinen, sanften Stimme in ganz ruhigen Momenten zu lauschen.

Eine Wichteltür bauen

Ruft einen Wichtel, indem ihr ihm ein Zuhause baut. Es gibt zwar Wichteltüren zu kaufen, aber er freut sich auch sehr darüber, wenn ihr ihm selbst eine Tür baut. Die Tür stellt ihr am besten in einer Ecke eines Raums (Küche, Wohnzimmer, Flur oder einer Treppenstufe) auf. Zusammen mit einigen grünen Zweigen von Nadelbäumen, etwas Moos und Baumblättern, die ihr draußen in Parks, im Garten, auf Kinderspielplätzen oder sogar vor eurem Haus findet, könnt ihr ihm eine kleine Behausung bauen, sodass er weiß, dass er bei euch einziehen darf. Legt dem Wichtel einen Fingerhut voll Milch, ein Schälchen warmer Grütze, Milchreis oder Nüsse vor seine Tür. Das speist er nämlich am liebsten. Daneben legt ihr einen Brief an den kleinen Hausbewohner, in dem ihr eure Wünsche notiert habt. Ihr werdet staunen, wie manche sich im Laufe der Tage oder Wochen realisieren werden. Vielleicht schreibt der Wichtel euch auch einmal zurück. Lasst euch überraschen.

Materialien

- Pappe (Maße ca. 8 × 13 cm)
- Papierschere
- Bastelkleber
- dünne Eisstiele oder Rührstäbchen aus Holz
- Farben nach Wahl
- Farbpinsel
- ein Stück von einem Ast
- Küchenpapier

Anleitung

1. Schneidet die Pappe mit der Papierschere auf die Maße 8 × 13 cm zurecht.
2. Verteilt den Bastelkleber auf der Pappe. Ordnet die Eisstiele oder Holzstäbchen nebeneinander an, sodass keine Zwischenräume entstehen. Lasst alles gut trocknen.
3. Nun könnt ihr die Holzstäbe mit einer Farbe eurer Wahl mit einem Pinsel anstreichen oder den Naturlook der Stäbe beibehalten.
4. Schließlich könnt ihr die Tür mit einigen Verzierungen versehen, beispielsweise einige Querbalken anbringen. Dazu müsst ihr jeweils zwei weitere Holzstäbchen am oberen und unteren Rand der Tür ankleben. Zudem könnt ihr zwei weitere Stäbchen an der Tür quer anbringen und die überstehenden Enden abschneiden.
5. Für den Türknauf klebt ihr ein kleines Stück von einem Ast an die passende Stelle der Tür an, und schon ist die Konstruktion fertig.

Ideen für eure Wichtelbriefe

Briefe an einen Wichtel können eine charmante und fantasievolle Möglichkeit sein, um eine Verbindung zu einem unsichtbaren Begleiter herzustellen.

Wichtel heißen in der Regel Nils, Lars, Jonte, Ylvi, Lasse, Nisse und Tomte, aber vielleicht fallen euch auch selbst wunderschöne Name für euren Wichtel ein. Darüber freut er sich besonders.

Hier sind einige Ideen für Briefe an einen Wichtel:

1. Brief

Lieber Wichtel,

ich freue mich sehr, dich kennenzulernen! Mein Name ist ..., und ich bin begeistert von der Vorstellung, dass du ein Teil meines Lebens bist. Ich bin sicher, dass wir eine wundervolle Zeit miteinander haben werden.

2. Brief

Lieber Wichtel,

ich möchte dir für all die Freude und Magie danken, die du in mein Leben bringst. Deine Anwesenheit ist wie ein Lichtstrahl in dunklen Zeiten, und ich schätze jeden Moment, den ich mit dir verbringen darf. Hier sind einige meiner Wünsche und Träume, die ich gerne mit dir teilen möchte ...

3. Brief

Hallo, lieber Lasse,

heute habe ich etwas Spannendes erlebt, und ich konnte es kaum erwarten, es dir zu erzählen! *[Beschreibt ein Ereignis oder Abenteuer, das ihr erlebt habt, und teilt eure Gedanken und Gefühle darüber mit eurem Wichtel.]*

4. Brief

Lieber Nils,

ich habe mich gefragt, ob du mir bei einem Rätsel helfen könntest. Es geht um ... *[Stellt eurem Wichtel eine Frage oder gebt ihm ein Rätsel auf, um seine Neugierde zu wecken und eure Verbindung zu vertiefen.]*

5. Brief

Hallo, mein lieber Junte,

heute fühle ich mich ein wenig niedergeschlagen und ich brauche deine Unterstützung. Könntest du mir ein paar Worte der Ermutigung zusenden oder mir eine kleine Geste der Liebe schenken, um mir zu helfen, wieder auf die Beine zu kommen?

6. Brief

Hi, Ylvi,

ich habe eine Geschichte für dich erfunden! Sie handelt von ... *[Teilt eurem Wichtel eine fantasievolle Geschichte mit, die ihr euch ausgedacht habt, und ladet ihn ein, an eurem Abenteuer teilzunehmen.]*

7. Brief

Hallo, mein lieber Tomte,

ich habe ein Geheimnis, das ich mit dir teilen möchte, weil ich weiß, dass ich dir vertrauen kann. *[Teilt eurem Wichtel ein persönliches Geheimnis oder eine besondere Hoffnung mit, um eure Beziehung zu vertiefen.]*

Diese Briefe können eine wunderbare Möglichkeit sein, um eine lebendige und kreative Verbindung zu einem Wichtel zu pflegen und eure Fantasie zum Leben zu erwecken.

Wenn die Rauhnächte vorüber sind, verabschiedet sich in der Regel auch der Wichtel. Dann hinterlässt er oft einen Brief. Schon vorher hat er euch ja immer geantwortet, deshalb wird er sich auch zum Abschied bei den Kindern melden.

Oft beantworten Wichtel die Briefe der begeisterten Kinder mit folgenden Zeilen:

1. Liebe*r ...,

wollen wir heute Waffeln backen? Ich kenne ein tolles Rezept.

Dein Lasse

2. Hallo, ...

hast du schon deine Wünsche aufgeschrieben?

Ich drücke dich ganz fest,

Ylvi

3. Liebe*r ...,

ich hoffe, du freust dich genauso auf Weihnachten wie ich! Ich habe deine Wunschliste erhalten und werde mein Bestes tun, um deine Träume wahr werden zu lassen. Bleib weiterhin so fröhlich!

Gute Nacht und bis morgen,

dein Jonte

4. Hallo, ...

die Tage und Nächte sind dunkel und kalt, aber die kleine Decke von dir ist so herrlich warm. Vielen, vielen Dank dafür.

Ich kann es kaum erwarten, dir deine Überraschung zu bringen!

Alles Liebe,

Nils

5. Hallo, ...,

die leckere Limonade und das Schokoladenplätzchen haben wirklich köstlich geschmeckt. Danke, dass du immer wieder an mich denkst.

Bis bald,

dein Tomte

6. Liebe*r ...,

heute muss ich mich leider verabschieden, zumindest für dieses Jahr. Die Rauhnächte sind vorbei und es ist Zeit für mich, zurück in den Wald zu gehen.

Ich möchte dir für all die wundervollen Momente und Geschenke danken und dass ich bei euch wohnen durfte. Deine Bilder, kleinen Geschenke und deine Begeisterung haben mich so glücklich gemacht und mir unvergessliche Augenblicke geschenkt.

Ich werde im nächsten Jahr gerne wieder zurück sein, wenn du mich wieder rufst! Ich freue mich schon jetzt darauf, dich erneut zu besuchen und deine Träume wahr werden zu lassen.

Denke daran, dass die Magie der dunklen Nächte das ganze Jahr über existiert.

Ich werde dich sehr vermissen.

Bis bald, dein Nisse

Mit Wichteln werden meine Träume wahr!

26. Dezember – 2. Rauhnacht – Engelnacht

Sie sind überall, niemand kann sie sehen, aber sie sind da. Der Glaube an die guten Mächte und unsichtbaren Freunde, die Engel, ist lebendig wie nie zuvor. Besonders Kinder kennen keine Scheu, sich an ihren Schutzengel zu wenden, mit ihm in einsamen Momenten zu reden und ihn um Rat zu fragen. Engel sind Boten aus einer anderen Welt, federleicht schwebend und von magischer Kraft. Sie schützen und trösten, verkörpern verborgene Sehnsüchte und bleiben dabei doch ewig unfasslich und geheimnisvoll. Diese unsichtbaren Begleiter sind stets an unserer Seite – ihre Energie unterstützt uns, zeigt uns den Weg und lässt uns wachsen. In der Rolle eines Mentors, Lehrers oder besten Freundes begleiteten uns diese Geistführer mit Weisheit und Liebe.

Nehmt mit euren unsichtbaren Weggefährten aus der geistigen Welt Kontakt auf. So erfahrt ihr wertvolle Botschaften zu alten Werten wie Liebe, Vertrauen, Respekt, Verantwortungsgefühl und Hilfsbereitschaft. Besorgt euch Engelfiguren aus wertvollen Materialien wie edlen Metallen, Steinen oder Porzellan. Stellt sie für euch jederzeit sichtbar auf Schränke, Kommoden oder den Esstisch in eurer Stube. So spürt ihr jederzeit deren schützende Energie, die euch dabei hilft, eure Wünsche klar zu erkennen, inneren Schmerz zu lindern und zu euch selbst zu finden. Mit der Urkraft der Engel könnt ihr euch in jedem Moment vor negativen Einflüssen schützen und neue Wege der Heilung, der Geborgenheit und des Trostes finden.

Von Engeln behütet

»Ich bin geborgen und behütet – von Anfang an!«

»Mein Schutzengel passt auf mich auf!«

Behütet sein, umgeben von Engeln einschlafen können, Ruhe und Geborgenheit finden von aufwühlenden Erfahrungen, Erlebnissen und Gedanken. Mit einfachen Zeilen kann man Kindern vermitteln, dass sie auch im Schlaf nicht allein, sondern gut aufgehoben sind. Stellt den Kindern Engel schützend an die Seite. Mit den Kleinen kann man beispielsweise wunderbar beruhigend einen Abendsegen sprechen.

Abendsegen

»Abends will ich schlafen gehn,
vierzehn Engel um mich stehn:
zwei zu meinen Häupten,
zwei zu meinen Füßen,
zwei zu meiner Rechten,
zwei zu meiner Linken,
zwei, die mich decken,
zwei, die mich wecken,
zwei, die mich weisen
zu Himmels Paradeisen!«

Adelheid Wette (1858–1916)
nach dem Volkslied »Abends, wenn ich schlafen geh« aus »Des Knaben Wunderhorn«

Engelräucherung

Die feinstofflichen Energien der Engelräuchermischungen (Lindenblüten, Süßgras und Fichtenharz) unterstützen euren Alltag, schenken Inspiration, Schutz, Führung und Anleitung. Diese kraftvollen Lichtwesen stärken euer Selbstwertgefühl und die Liebe zu euch selbst. Sie führen euch behutsam auf eurem Lebensweg, ermöglichen tiefe Einsichten in die Lebensgesetze und inspirieren liebevoll dazu, neue Wege zu gehen. Sie zeigen, wie wir Sorgen und Ängste überwinden können und mehr Licht und Liebe zum Ausdruck bringen können.

Schutzengelmeditation

Kinder lieben Fantasiereisen. Mit dem Schutzengel spielen und lachen, im Traumland spazieren gehen – die Meditationen hüllen die kleinen Hörer ein in eine fürsorgliche Wolke aus Worten und inneren Bildern. Sie führen die Kinder in die Ruhe, in innere Welten und auf höhere Ebenen des Bewusstseins. Auch bieten sie Kindern Schutzmöglichkeiten für die verschiedensten Situationen an.

Anleitung

1. Sucht einen ruhigen und gemütlichen Platz, an dem euer Kind sich wohlfühlt. Eine bequeme Decke oder ein Kissen, sanfte Hintergrundmusik oder Naturgeräusche können hilfreich sein.
2. Setzt euch bequem hin oder legt euch hin. Schließt die Augen und atmet ein paarmal tief durch.
3. Sagt, dass ihr jetzt eine kleine Reise macht, um seinen Schutzengel zu treffen.

4. Sprecht beispielsweise folgende Worte:

»Stelle dir vor, du bist an deinem Lieblingsort. Es kann ein Strand, ein Wald oder sogar ein magischer Garten sein. Fühle die warme Sonne auf deiner Haut und höre die sanften Geräusche der Natur um dich herum.

Atme tief ein und aus. Spüre, wie dein Körper immer ruhiger und entspannter wird.

An deinem magischen Ort siehst du plötzlich ein wunderschönes Licht. Dieses Licht wird heller und du merkst, dass es ein freundlicher, liebevoller Engel ist.

Der Engel lächelt dich an, und du fühlst dich sofort sicher und geborgen.

Der Engel hat weiche, leuchtende Flügel und trägt ein strahlendes Gewand.

Der Engel kommt näher und setzt sich neben dich. Er sagt dir, dass er immer bei dir ist, um dich zu beschützen und dir zu helfen.

Wenn du möchtest, kannst du dem Engel eine Frage stellen oder ihm etwas erzählen. Der Engel hört dir aufmerksam zu.

Der Engel umarmt dich sanft, und du fühlst dich warm und geliebt. Er sagt dir, dass du ihn jederzeit rufen kannst, wenn du seine Hilfe brauchst.

Langsam beginnt der Engel sich zurückzuziehen, aber du weißt, dass er immer bei dir ist.

Atme noch einmal tief ein und aus.

Fühle, wie du zurück in den Raum kommst, in dem du dich befindest.

Bewege langsam deine Finger und Zehen, strecke dich ein bisschen und öffne dann langsam die Augen.«

Um den Selbstwert der Kinder zu stärken, ihr Selbstvertrauen zu fördern und sie friedlich in den Schlaf sinken zu lassen, ist diese Meditation Gold wert, denn der persönliche Schutzengel überbringt wunderschöne Botschaften. Diese Meditation kann dem Kind helfen, sich beruhigt und gestärkt zu fühlen, und bietet ihm ein Werkzeug, um mit Stress und Ängsten umzugehen.

Warum lieben Kinder Schutzengel?

1. Schutzengel werden oft als liebevolle spirituelle Wesen dargestellt, die über Kinder wachen und sie vor Gefahren beschützen. Kinder empfinden ein Gefühl der Sicherheit und des Trostes, wenn sie glauben, dass ein Schutzengel über sie wacht und sie in schwierigen Situationen beschützt.
2. Schutzengel werden oft als liebevolle und tröstende Wesen wahrgenommen, die den Kindern in Zeiten der Angst oder Unsicherheit Trost spenden können. Kinder fühlen sich beruhigt und gestärkt, wenn sie das Gefühl haben, dass ein Schutzengel an ihrer Seite ist und sie unterstützt.
3. Kinder betrachten Schutzengel oft als Begleiter durch ihr Leben, die sie auf ihrem Weg unterstützen und die ihnen helfen, schwierige Situationen zu meistern. Oft werden Schutzengel als enge Verbündete angesehen, die den Kindern beistehen und ihnen helfen, Hindernisse zu überwinden.
4. Die Kleinen haben häufig eine natürliche Neugier und Offenheit für das Übernatürliche. Sie sind fasziniert von der Vorstellung von Schutzengeln und der Idee, dass es spirituelle Wesen gibt, die über sie wachen und sie beschützen. Diese Vorstellung regt ihre Fantasie an und lässt sie die Liebe zu Schutzengeln entwickeln.
5. Kinder haben eine lebhafte Vorstellungskraft und können sich bestens vorstellen, wie Schutzengel aussehen und handeln. Sie malen oft Bilder von Schutzengeln, erfinden Geschichten über ihre Abenteuer und stellen sich vor, wie sie mit ihren Schutz-

engeln kommunizieren. Diese kreative Vorstellungskraft fördert ihre Liebe zu Schutzengeln und lässt sie eine enge Bindung zu ihnen entwickeln.

Engel beschützen mich!

27. Dezember – 3. Rauhnacht – Sternennacht

Wir Menschen fühlen uns von den leuchtenden Himmelskörpern magisch angezogen. Wir spüren den großen Einfluss auf unser Leben, denn die Macht des Himmels ist allgegenwärtig.

Vor fast dreitausend Jahren versuchten Sternendeuter mit dem Turmbau zu Babel, dem Himmel so nahe wie möglich zu kommen, um seine Zeichen und Botschaften besser zu verstehen. Die babylonischen Astronomen entdeckten den sich stetig wiederholenden Lauf der sieben Himmelskörper Merkur, Jupiter, Saturn, Venus, Mars, Sonne und Mond. Sie lasen aus ihren Beobachtungen eine kosmische Verbindung von Himmel und Erde und begannen, an den Zeichen des Firmaments Prognosen abzulesen. Wie im Himmel, so auf Erden, wie oben, so unten, das war der Leitsatz der damaligen Sternenleser, der bis heute nichts von seiner Überzeugungskraft verloren hat. Gelehrte Männer, die nach dem Stand der Sterne die Gegenwart deuteten und zukünftige Ereignisse vorhersagten: Dahinter steht die Vorstellung, dass die Sterne als göttliche Mächte das Geschehen auf der Erde beeinflussen. Sie wirft Fragen auf wie »Woher kommt der Mensch als Teil des Kosmos, wo geht er hin?«.

Was bietet sich folglich besser an, als das unendliche Universum zu studieren? Abenteuer Sterne: Das ist, das Weltall mit allen Sinnen zu erleben. Das ist, das Weltall zu bestaunen. Und das ist, das Weltall verstehen zu lernen. Denn wer das Weltall besser versteht, sieht die Welt mit anderen Augen, sagt man. Und wer die Welt mit anderen Augen sieht, verändert die Sicht auf die Dinge, auf alles Sein und das eigene Schicksal. Die Beobachtung der Sterne ist zudem auch ein Entschleunigungsmittel in unserer hektischen Zeit, sie bringt uns in Kontakt mit einer allmächtigen, ja unendlichen Kraft und Energie jenseits unserer sichtbaren Welt. Die Sterne nehmen uns an die Hand und führen uns durch eine berauschende Dimension mit all ihren fantastischen und faszinierenden Facetten. Sie lehren uns, die Schöpfung mit anderen Augen zu sehen und unser Schicksal danach auszurichten.

Sterne – Wegweiser im Leben

Seit Menschengedenken bewegte der Sternenhimmel ganze Kulturen und Völker, entwickelte und beeinflusste Religion, Wissenschaft, Tradition, Leben, das Los unserer Ahnen und unser eigenes Schicksal. Schon die frühesten Kulturen identifizierten Sterne mit göttlichen Wesen, die über ihr Schicksal bestimmten. So ehrten sie diese Geschöpfe mit Räucherungen, Gebeten und Opfergaben, um sie gütig zu stimmen und sich so vor Unheil zu schützen. Man denke nur an das alte Ägypten, in dem der oberste Gott Ra mit dem aus unserer Perspektive hellsten und größten aller Sterne, der Sonne, gleichgesetzt wurde. Im alten Rom finden Sterne ihren Niederschlag im sagenumwobenen Pantheon, einem allen Gestirngöttern Roms geweihten Heiligtum – Mars, Merkur, Sonne, Mond, Saturn, Jupiter, Venus.

»Gleiches zieht Gleiches an«, heißt es in den Gesetzen des Schicksals. Fühlen wir uns deshalb den Sternen so nahe? Wer ganz intensiv an sie glaubt, von ihren subtilen Schwingungen berührt wird, dem öffnen sich die Augen für die verborgenen Kräfte dieser magisch funkelnden Juwelen. Sie navigieren uns durch unser Leben, trösten in nächtlichen Momenten kaum erträglicher Verzweiflung und bauen uns wieder auf, wenn sie den Schimmer eines hoffnungsvollen Tatendrangs in uns entdecken.

Die Sterne beobachten

Besorgt euch eine überschaubare Sternenkarte. Sie hilft, die Welt der Sterne tiefer zu erkunden. Sie zeigt die schönsten Sternbilder zu jeder Jahreszeit. Es werden der Lauf von Sonne, Mond und Planeten erklärt, Sterne, Sternbilder und atemberaubende Galaxien vorgestellt, und es wird erläutert, wie spektakuläre Himmelsbeobachtungen mit bloßem Auge, Teleskop oder Fernglas funktionieren. Sie zeigen den Sternenhimmel für jeden Monat und jede Himmelsrichtung. So findet ihr, ausgehend vom Großen Wagen, faszinierende Sternbilder und magische Himmelsobjekte, die euch mit dem großen Geist des Universums verbinden.

Begebt euch mit Notizblock und Stift in einer sternenklaren Nacht auf eine Wanderung durch die Natur. Wie fühlt sich die Kühle an? Wie duften die ruhenden Pflanzen? Vielleicht geht ihr auf einem Feldweg am Wald vorbei. Was hört ihr? Vielleicht eine Eule? Sucht den dunkelsten Ort, wo die Sterne am besten zu sehen sind. Und dann blickt hinauf.

Sucht den hellsten Stern. Versucht fantasievoll, die Figuren der Sternenbilder zu erkennen. Wo ist das Band der Milchstraße? Wo der Große Wagen?

Werdet euch bei eurer Sternenschau bewusst: Die Zellen eures Körpers, der Sauerstoff, den ihr atmet, der Kohlenstoff und Stickstoff in eurem Gewebe, das Kalzium in euren Knochen – alles stammt aus Sternenmaterial, das schon vor vielen Milliarden Jahren produziert wurde und immer wieder von Neuem hervorgebracht wird. Was fühlt ihr in diesen Augenblicken? Notiert eure Gedanken.

Richtet Fragen an die leuchtenden Himmelskörper, die euch schon lange bewegen, und lasst euch berauschen von den inspirierenden und klaren Antworten der Sterne, die sie euch in Form von geistigen Impulsen senden. Sie helfen euch weiter in dem Labyrinth eures Lebens und offenbaren den Einfluss eurer gesamten Handlungen auf euer einzigartiges Schicksal.

Der Nachthimmel symbolisiert den Facettenreichtum unseres Lebens, in dem es unendlich viel zu entdecken und zu bestaunen gibt. Ein Gefühl für das große Ganze entsteht, je länger ihr das Firmament beobachtet. Ihr nehmt nichts mehr um euch herum wahr, geratet in eine magische Trance und erlebt einen Zustand jenseits der irdischen Existenz. Erwacht ihr wieder, dann kommt ihr aus dem Staunen über das Wunder eures Lebens nicht mehr heraus und erkennt, dass ihr das Universum sogar ein klein wenig fühlen konntet.

Sternenräucherung

Der Rauch von Lavendel, Myrrhe und Kopal unterm Sternenhimmel stellt eine geheimnisvolle Verbindung zu den Sternen her, und eine Atmosphäre der Ruhe und des Friedens breitet sich aus.

Fantasiereise: Die Reise zum Sternenhimmel

Schließt eure Augen und stellt euch vor, wie ihr auf einer Wiese liegt und zum Himmel hinaufschaut. Über euch breitet sich ein wunderschöner Nachthimmel aus, voller funkelnder Sterne und leuchtender Planeten.

Ihr atmet tief ein und aus und fühlt euch leicht und frei. Plötzlich seht ihr einen hellen Stern, der sich von den anderen abhebt. Er scheint euch einzuladen, näherzukommen. Ihr folgt dem Stern und spürt, wie sich eure Seele leichter und freudiger fühlt.

Je näher ihr dem Stern kommt, desto heller und strahlender wird er. Ihr fühlt euch von seinem Glanz und seiner Wärme umhüllt. Der Stern lädt euch ein, auf seinem Rücken zu reiten und mit ihm durch das Universum zu fliegen.

Ihr klettert auf den Stern und spürt, wie er sanft abhebt. Gemeinsam fliegt ihr durch die unendlichen Weiten des Universums, vorbei an fernen Planeten und leuchtenden Galaxien. Ihr fühlt euch frei wie ein Vogel und voller Staunen über die Schönheit des Kosmos.

Nach einer Weile kehrt der Stern zurück zur Erde und setzt euch behutsam auf der Wiese ab. Ihr bedankt euch beim Stern für diese magische Reise und fühlt euch erfüllt von Liebe und Dankbarkeit.

Mit einem Lächeln im Herzen öffnet ihr eure Augen und kehrt in den Raum zurück, bereit, die Magie dieser Fantasiereise mit in euren Tag zu nehmen.

Sterne streicheln mich in der Nacht!

28. Dezember – 4. Rauhnacht – Einhornnacht

Das Einhorn – ein weißes Pferd mit einem gewundenen Horn in der Mitte der Stirn und atemberaubender Schnelligkeit – wurde schon in antiken Schriften als Gleichnis höchster göttlicher Geheimnisse erwähnt. Seine Anwesenheit öffnet den Geist für neue Eingebungen und erweckt die Gabe der Intuition und Weisheit. Die weiße Farbe verbindet euch mit dem Erkennen reiner, kosmischer Botschaften. Das Horn symbolisiert unzerstörbaren Mut und die himmlische Urkraft, mit der die Durchsetzung lange gehegter Wünsche und Träume und das unbeugsame Bedürfnis nach Selbstständigkeit ohne Angst verwirklicht werden. Nehmt ihr seine Anwesenheit wahr, führt es euch zu Edelmut, Sanftmut, Friedfertigkeit sowie Rechtschaffenheit und zeigt euch die Schätze eures verborgenen Selbst.

In alten Zeiten lebten wir in Gemeinschaft mit den Einhörnern. Es war ganz normal, mit ihnen zu kommunizieren und ihre liebevolle Hilfe in Anspruch zu nehmen. Die Einhörner wurden von der geistigen Welt auf die Erde geschickt, um Kindern und Erwachsenen bei ihrem spirituellen Wachstum zur Seite zu stehen. Auch in der heutigen Zeit kann jeder die wundervolle Kraft und Hilfe dieser himmlischen Wesen hautnah mithilfe stimmungsvoller Meditationen, Visualisierungen und Räucherungen erfahren. So verbinden wir uns mit der einzigartigen Lichtenergie der Einhörner, um mehr Liebe, Licht und Glück ins Leben zu holen.

Einhornräucherung

Ein wunderbarer Türöffner zu den Einhörnern sind Palo Santo, Rose, Kiefer, Styrax und Sandelholz. Mithilfe der Einhornräucherung empfinden Kinder das magische Gefühl von Reinheit, Freiheit, Leichtigkeit und bedingungsloser Liebe.

Einhornmeditation

Die Einhornmeditation mit Kindern ruft die Einhornenergien an und hat die Wirkung einer Einweihung. Mit der folgenden angeleiteten Meditation könnt ihr mit eurem persönlichen Einhorn Kontakt aufnehmen und ihm in der nicht alltäglichen Wirklichkeit begegnen.

Die Meditationen für Kinder sollten anfangs nicht länger als fünf Minuten dauern, da es Kindern oft schwerfällt, sich auf etwas zu konzentrieren, das sie nicht direkt sehen oder anfassen können. Kinder entdecken täglich viel Neues und stehen immer wieder vor bisher unbekannten Aufgaben. Zu viele Reize können manchmal zu Überforderung führen. Meditationen für Kinder helfen, bewusste oder unterbewusste Stresssymptome durch Entspannung zu lindern und den kleinen Körper wieder zu entspannen.

1. Schafft eine ruhige Atmosphäre, in der sich das Kind wohlfühlt, und nutzt einen Raum, mit dem es Entspannung, Geborgenheit und Wärme verbindet. Gerne könnt ihr die Einhornmeditation auch zum Einschlafen eurer Kinder verwenden. Wenn die Kleinen nach der Fantasiereise nicht sofort einschlafen sollen, könnt ihr sie sanft wieder in die Gegenwart begleiten, indem ihr das Ende einläutet. Benutzt neben euren Worten eine sanfte Klangschale, ein hell klingendes Glöckchen oder

ein Glas und schlagt sie sanft an. Gebt den Kindern nun Zeit, die Augen wieder zu öffnen und zurückzufinden. Die Einhornmeditation ist eine geführte Visualisierungsübung, die auf der Vorstellungskraft basiert und dazu dient, innere Ruhe und Harmonie zu finden.

2. Setze dich bequem hin und schließe deine Augen.
3. Atme tief ein und aus, entspanne deinen Körper.
4. Stelle dir vor, du befindest dich in einem magischen Wald, umgeben von hohen Bäumen und sanftem Vogelgezwitscher.
5. In der Ferne siehst du ein strahlendes Licht, das sich dir nähert. Langsam erkennst du, dass es ein wunderschönes Einhorn ist, mit einem glänzenden weißen Fell und einem funkelnden Horn auf der Stirn.
6. Es strahlt Liebe und Frieden aus.
7. Das Einhorn nähert sich dir und neigt seinen Kopf, als ob es dich begrüßen möchte.
8. Du fühlst dich sofort geborgen und verbunden.
9. Du legst deine Hand sanft auf das Einhorn und spürst seine warme Energie. Diese Energie durchflutet deinen Körper und löst alle Spannungen. Du fühlst dich leicht und frei.
10. In diesem Moment erkennst du, dass das Einhorn deine innere Stärke symbolisiert. Du kannst diese Kraft jederzeit in dir finden.
11. Bedanke dich bei dem Einhorn und atme noch einmal tief ein und aus.
12. Öffne langsam deine Augen und kehre mit einem Gefühl der Ruhe und Erfrischung in die Gegenwart zurück.

Mit dem Einhorn bin ich in Sicherheit und fühle mich geborgen, wo immer ich bin!

29. Dezember – 5. Rauhnacht – Mondnacht

Der Mond beeinflusst als Hüter der Nacht unsere Träume. Er ebnet im Traum den königlichen Weg zu unserer Seele. So gelangen wir zur Ursache vieler Ängste und Schlafprobleme. Der nächtliche Traum liefert den besten Zugang dazu. Als direktes Verbindungsglied zwischen dem Diesseits und der astralischen Welt, des Lebensbereichs der Seele verfügt der Mond über die Attribute Weissagung, Zauber und Tod. Sein geheimnisvolles Antlitz wirkt sehr beruhigend auf den Geist der Rückbesinnung.

In besonders hellen Nächten fährt der germanische Mondgott Mani mit einem von schwarzen Pferden gezogenen Wagen durch die Lüfte und zieht die Sehnsucht in seinen Bann. Er unterstützt uns in mystischen Nächten beim Reflektieren und Resümieren, wenn wir den Mantel der Zufriedenheit kritisch auf fadenscheinige Stellen prüfen. Der leuchtende Himmelskörper am Nachthimmel deutet nicht nur unsere Träume, wenn wir ihn darum bitten, sondern bewacht auch die magische Quelle unserer Inspiration und hat Auswirkungen auf das gesamte Leben. Er sammelt als Beobachter aller Geschehnisse seit der Entstehung des menschlichen Daseins auf der Erde alle mystischen Geheimnisse, Legenden und Mythen, Dichtungen, Glauben und Zukunftsvisionen, die jemals erdacht wurden. Auf unserer Suche nach Selbstbestimmung und Selbstentfaltung spielt die Kraft des Mondes eine elementare Rolle. Er stellt eine Verbindung zu unseren Ursprüngen, unserem innersten Selbst, her und hilft, unser Leben zu gestalten und Wünsche und Träume wahr werden zu lassen.

Mondräucherung

Räucherstoffe wie Wacholderbeeren und -holz, Myrrhe, Rosmarin sowie Palo-Santo-Holz können euch dabei unterstützen, innere Wünsche zu vollenden, positive Schwingungen in den Alltag zu rufen und aufzunehmen. Der warme Duft schenkt Mut, Vertrauen, Zuversicht und Ruhe.

Mondrituale für Kinder

Kinder sind oft fasziniert von der Schönheit und dem Mysterium des Mondes. Sie können stundenlang den Mond betrachten, seine verschiedenen Phasen beobachten. Mit Mondritualen gelingt der Kontakt zu diesem mystischsten aller Himmelskörper sehr leicht. Wir wirkt der Mond auf unsere Kinder und wie können wir dies intensivieren?

1. Der Mond regt die Fantasie und Kreativität der Kinder an. Erfindet gegenseitig Fantasiegeschichten über den Mond, fertigt Zeichnungen an oder spielt Rollenspiele, die von seiner Existenz inspiriert sind.
2. Der Anblick des Mondes kann beruhigend und tröstlich sein, besonders für Kinder, die Schwierigkeiten haben, einzuschlafen oder mit Ängsten umzugehen. Der sanfte Glanz des Mondes vermittelt ihnen ein Gefühl von Sicherheit und unterstützt sie dabei, zur Ruhe zu kommen. Wenn möglich, stellt das Bett in eine Position, in der das Mondlicht euren Kindern beim Schlafen ins Gesicht leuchtet und sie in ihrem Unterbewusstsein tröstend begleitet.
3. Der Mond bietet Kindern eine Möglichkeit, sich mit der Natur und dem Universum zu verbinden. Durch das Beobach-

ten des Mondes können sie ein tieferes Verständnis für den kosmischen Raum entwickeln und ein Gefühl für die Weite des Universums bekommen.

4. Lasst die Kinder zukünftig an Mondfesten (Nacht zum 1. Februar, Nacht zum 1. Mai, Nacht zum 1. August, Nacht zum 1. November) teilnehmen, Mondlieder singen oder Mondgeschichten hören, die ihre kulturelle Identität stärken und sie mit ihrer Gemeinschaft verbinden.
5. Unternehmt Fackelwanderungen durch die Natur, zu Burgen, Türmen und alten Denkmälern, entlang von Feldwegen und Richtung Wald. Bei diesen Nachtwanderungen könnt ihr sogar folgende Tiere entdecken, hören und beobachten:
   - Fledermäuse,
   - Eulen und Käuze,
   - Rehe,
   - Wildschweine,
   - Füchse,
   - Mäuse (vor allem das Geraschel am Boden ist aufregend und anfangs ein echter Nervenkitzel!).

Eine Fackelwanderung

Eine Fackelwanderung bedeutet für Kinder ein aufregendes und unvergessliches Abenteuer, besonders in den Abendstunden oder während der Dämmerung. Sie spüren den Zauber und die Verbindung mit der Natur. In dem Licht und Duft der frühen Abendstunden empfinden sie den Zauber des Geheimnisvollen, Rätselhaften und Unbegreiflichen. All das bringt sie zum Staunen, Bewundern und Hochachten der Natur, dem Paradies auf Erden.

Tipps und Schritte, um eine sichere und spaßige Fackelwanderung zu planen:

1. Wählt eine sichere, bekannte Route. Ein Waldweg, ein Park oder ein gut begehbarer Pfad eignen sich gut.
2. Überprüft auch die Wettervorhersage, um sicherzustellen, dass es trocken und nicht zu windig ist.
3. Informiert euch über lokale Vorschriften und stellt sicher, dass Fackelwanderungen in dem gewählten Gebiet erlaubt sind.
4. Besorgt genügend Fackeln für alle Teilnehmer. Bevorzugt Fackeln mit Schutzvorrichtungen gegen das Tropfen von Wachs.
   - Sicherheitsausrüstung: Feuerlöscher oder Wasser (Eimer, Flaschen), Erste-Hilfe-Set.
   - Wettergerechte Kleidung und festes Schuhwerk für alle Teilnehmer.
5. Start der Wanderung:
   - Zündet die Fackeln an und beginnt die Wanderung in einem gemütlichen Tempo.
6. Pausen und Aktivitäten:
   - Plant regelmäßige Pausen ein, bei denen die Kinder die Fackeln sicher ablegen können.
   - Erzählt Geschichten oder singt Lieder, um die Stimmung zu heben und die Kinder zu unterhalten.
7. Nutzt die Gelegenheit, um den Kindern etwas über die Natur und die Umgebung zu erklären.

Mit diesen Schritten könnt ihr eine sichere und mystische Fackelwanderung organisieren, die den Kindern lange als magisches Erlebnis in Erinnerung bleiben wird.

Der Mond tröstet mich und wacht in der Nacht über mich!

30. Dezember – 6. Rauhnacht – Koboldnacht

Fantastische Wesen wie Kobolde bevölkern seit jeher das kollektive Bewusstsein der Menschheit. Sie manifestieren sich in Fabeln, Legenden und Sagen. Aber eben nicht nur dort. Sie existieren wahrhaftig in unserem Alltag, so passieren in unserer Stube oftmals magische Dinge. Zumindest hausen dort nach vielen Überlieferungen liebenswerte Kobolde, die zu jedem Schabernack bereit sind. Wenn ihr ein volles Wasserglas umstoßt, euch ein Teller aus der Hand fällt, ihr Gegenstände nicht mehr findet oder euch sonstige Ungeschicklichkeiten passieren, dann könnt ihr darauf wetten, dass die Kobolde im Spiel sind. Damit wollen sie euch aus euren Gedanken aufwecken, euch ins Hier und Jetzt zurückholen. Darin liegt ihre Kraft.

Denn das Jetzt ist der Eingang zu eurer tiefsten inneren Glückseligkeit, zu ewigem Sein, zu dem Frieden, den ihr ein Leben lang ersehnt, doch häufig verpasst. Oftmals hetzt ihr im Alltag von einer Sache zur nächsten, seid geistesabwesend und nicht konzentriert. Eure Gedanken kreisen um unerledigte Dinge im Haushalt und bei der Arbeit. Gefühle von Stress und Überforderung nagen an euch und lassen euch unzufrieden werden.

Wenn der unsichtbare Kobold in euer Leben tritt, solltet ihr innehalten und zur inneren Ruhe und Gelassenheit zurückfinden. Deckt diesem kleinen Freund einen Platz am Tisch. Legt ihm Kuchen auf einen Teller und gießt Tee in seine Tasse. Setzt euch dazu und stellt ihm Fragen: »Was mache ich gerade? Wie mache ich es? Wie fühle ich mich dabei?« Er wird euch antworten und empfehlen, die Gegenwart zu spüren, jeden Moment bewusst wahrzunehmen, alles in Ruhe zu erledigen und der Entschleunigung die Türen zu öffnen.

Begebt euch bei Sonnenschein mit einem Schaffell in die Natur, legt euch damit auf den moosbedeckten oder schneebedeckten Waldboden. Fühlt den sanften Untergrund. Lasst eure Gedanken schweifen. Der Kobold wird euch begleiten und euch mit euren fünf Sinnen für das Wunder des gefühlten Augenblicks begeistern.

Wo habe ich denn meinen Lieblingsball gelassen? Und wo ist überhaupt mein Teddy schon wieder hin? Jeder von uns kann sich wohl mehr oder weniger dunkel daran erinnern, als Kind im Kinderzimmer nach verloren geglaubten Sachen gesucht zu haben. Dass eventuell Kobolde im Spiel sind, haben uns unsere Eltern wohl nie so richtig geglaubt.

Weil Kinder und oft auch wir Erwachsenen diese kleinen Wesen so lieben, wird es Zeit, ihnen einen Tag in den Rauhnächten zu widmen, sie zu ehren und ihnen zu sagen und zu zeigen, wie gern wir sie haben. Was eignet sich da mehr als eine Koboldrauhnacht?

Koboldräucherung

Zimt, Fichtennadeln, Fichtenharz und getrocknete Orangenschalen – eine schelmische Kombination erdiger Duftvariationen, die verführerisch ins Reich der Sagen und Kobolde einlädt. Diese lebensfrohen Gesellen lieben diesen Duft besonders. Sie werden sich bedanken, indem sie euer Haus hüten und beschützen!

Eine magische Koboldnacht

1. Organisiert mit Freunden einen Laternenumzug durch die Nachbarschaft oder einen nahe gelegenen Wald. Die Kinder können dabei Walnüsse und Haselnüsse, die noch in ihrer Schale sind, oder auch Wasser und Kupferpfennige für die Kobolde an einer Baumwurzel hinterlassen. Über solche Geschenke freuen sich die Kobolde ganz besonders.
2. Kinder können vorher dazu Laternen basteln und sie mit Kerzen, Teelichtern oder batteriebetriebenen Lichtern beleuchten.
3. Tanzt zu Mittelaltermusik oder Trommelklängen. Kinder tanzen oder hüpfen gerne spontan zu den Klängen der Musik. Erzählt den Kindern Geschichten über Kobolde oder lest ihnen magische Märchen und Geschichten über die kleinen Gesellen vor.
4. Entfacht ein Lagerfeuer oder entzündet Holz in einer Feuerschale, beides natürlich im Freien, und macht eine Feuerzeremonie. Die Kinder können beispielsweise Wünsche auf Zettel schreiben und sie ins Feuer werfen, während sie um Glück und Wohlstand für das kommende Jahr bitten.
5. Organisiert eine Koboldjagd im Haus oder Garten. Versteckt kleine Geschenke oder Süßigkeiten und lasst die Kinder sie suchen, während sie von den Kobolden begleitet werden.
6. Dekoriert das Haus oder den Veranstaltungsort mit Elementen, die Kobolde sehr lieben, wie Tannenzweigen, Moos, Zapfen, Kerzen und Lichtern.
7. Lustig ist auch das Basteln von Koboldgesichtern auf ein Blatt Papier. Die Kinder können dazu Materialien aus der Natur sammeln, wie Zweige, Blätter, Moos und Tannenzapfen. Aus diesen können sie dann eine Figur gestalten und ihr eine Geschichte geben. Vielleicht ist der Kobold

ein Beschützer des Hauses oder ein mystisches Wesen, das den Kindern auf ihren Winterabenteuern zur Seite steht.

8. Im Winter sind Tierspuren im Schnee gut sichtbar. Gemeinsam mit den Kindern und dem Geist eines Kobolds könnt ihr die Spuren erkunden und mit einem Tierspuren-im-Schnee-Guide bestimmen, um mehr über die Tiere im Wald zu erfahren.

Mithilfe dieser Aktivitäten erleben die Kinder eine unvergesslich mystische Koboldnacht und empfinden grenzenlosen Spaß. Es ist eine abenteuerliche Gelegenheit, alte Traditionen zu ehren, gemeinsam kreativ zu sein und die Wunder der Winterzeit mit ihren magischen zwölf Nächten zu feiern.

Eine Rauhnachtslaterne basteln

Für den Laternenumzug in der Koboldnacht könnt ihr selbst tolle Laternen basteln. Das geht ganz einfach.

Materialien

- Transparentpapier in eurer Lieblingsfarbe
- eine große runde Käseschachtel oder Laternenrohlinge
- Schere
- Klebestift
- getrocknete Blätter, bunte Aufkleber oder andere Dinge zum Verzieren
- Teelichthalter
- Teelicht oder LED-Teelicht
- Klebeband
- Laternendraht für den Laternenbügel
- Laternenstab

Anleitung

1. Legt den Bogen Transparentpapier einmal um die Käseschachtel oder den Laternenrohling herum und schneidet ihn hochkant zu. Die Höhe des Papiers könnt ihr so wählen, wie hoch eure Laterne am Ende sein soll. Dementsprechend schneidet ihr dann das Transparentpapier zu.
2. Gestaltet das zugeschnittene Transparentpapier nach Lust und Laune. Schneidet dazu zum Beispiel aus unterschiedlichem Transparentpapier Sterne, Herzen oder Kreise aus klebt diese und mit einem Klebestift auf das zugeschnittene Transparentpapier. Je nach Wunsch könnt ihr auch das Papier mit Acrylfarbe oder permanenten Filzstiften bemalen. Auch getrocknete Blätter oder bunte Aufkleber sehen wunderschön aus.
3. Anschließend stecht ihr in den Bodensatz eurer Käseschachtel oder des Laternenrohlings zwei kleine Löcher und befestigt daran den Teelichthalter.
4. Befestigt doppelseitiges Klebeband einmal außen um den Rand der Käseschachtel oder eures Laternenrohlings und an der Seite des Transparentpapiers. Klebt dann euer individuell gestaltetes Transparentpapier um den runden Boden herum und befestigt die Enden des Papiers miteinander. Ihr könnt statt des doppelseitigen Klebebands auch einen Klebestift oder anderen Klebstoff verwenden.
5. Bestreicht den äußeren Rand des Deckels mit Klebstoff und klebt ihn an den oberen Rand des Transparentpapiers. Lasst den Deckel kurz antrocknen.
6. Abschließend stecht ihr zwei sich gegenüberliegende Löcher für den Laternenbügel in den oberen Rand der Laterne. Befestigt den Laternenbügel, steckt das Teelicht in den Kerzenhalter und bringt den Laternenstab an.

Kobolde sind meine lieben Freunde!

31. Dezember – 7. Rauhnacht – Zwergennacht

Zwerge sind menschengestaltige, kleinwüchsige Naturwesen, die meist in Erdhöhlen oder im Gebirge unter den Bergen, Felsen oder unter Baumwurzeln leben. Sie gelten als Hüter aller Schätze und Bewahrer allen kosmischen Wissens. Davon zeugen auch ihre Namen wie Alvis, der Allwissende, oder Wit, der Kluge. Wir kennen sie alle, besonders hier in Deutschland stehen sie in vielen Gärten mit weißem Bart, roter Zipfelmütze, einem verschmitzten Lächeln und meistens mit einem Spaten oder einem anderen Werkzeug in der Hand.

Sie sorgen im Winter für den guten Duft von Weihnachtsbäumen, gießen fleißig deren Wurzeln, damit es prachtvolle Exemplare werden, wischen die Staubpartikel der Luft von den grünen Nadeln und trösten die Bäume, wenn sie einmal kränkeln oder ihren Lebenshauch zu verlieren scheinen. Zwerge sind die Seele der Natur, mit der ihr automatisch Kontakt aufnehmt, wenn euch ein Lächeln über das Gesicht huscht. Sie verwandeln den Wald zu einem magischen Ort, an dem ihr eure Lebenskräfte wieder auftanken lernt, eurer Selbstwahrnehmung begegnet und dem wahren Sinn eures Lebens in die Arme lauft.

Es heißt, Zwerge feiern immer zwei Tage lang ausschweifend und ausgelassen das neue Jahr. Wenn man in dieser Zeit durch den Wald wandert oder im Park an Fichten und Tannenbäumen vorbeiläuft, dann soll man sie gelegentlich singen und lachen hören. Wenn ihr Glück habt, rufen sie euch überschwänglich zu und wünschen ein frohes neues Jahr. Stellt ihnen abends eine brennende Kerze in den Garten oder auf den Balkon und daneben ein Glas Limonade oder Zitronenwasser, das mögen diese niedlichen Helfer am allermeisten. Oder legt ihnen an eine Baumwurzel einen kleinen

Apfel, etwas Wasser und einige Walnüsse. Die lieben sie besonders. Sie werden euch dafür auf alle Fälle danken und in euren Träumen von ihren Geheimnissen erzählen.

Gummibärchenorakel: Spielregeln und Anleitung

Der Silvesterabend ist traditionell ein Orakelabend. Beeindruckende Vorhersagen, Weissagungen und Prophezeiungen für die nahe wie ferne Zukunft hat es in allen Epochen gegeben. Mit dieser magischen Praxis versuchen viele in der letzten Rauhnacht des alten Jahres einen Blick in ihre Zukunft zu werfen. Kinder lieben Orakelspiele aus Gründen, die oft mit ihrer kindlichen Neugier, ihrer Vorstellungskraft und ihrem Spieltrieb zusammenhängen: Orakelspiele bieten Kindern oft eine Quelle der Spannung und Aufregung. Die Unvorhersehbarkeit des Ergebnisses und die Möglichkeit, etwas Neues und Unerwartetes zu erfahren, faszinieren sie. Sie können sich in die Welt des Spiels hineinversetzen, sich Geschichten ausdenken oder sich vorstellen, welche Bedeutung das Ergebnis für sie haben könnte. Orakelspiele helfen den Kindern, sich selbst und ihre Gefühle besser kennenzulernen. Indem sie sich mit den Symbolen oder Aussagen des Orakels auseinandersetzen, können sie über ihre eigenen Gedanken und Emotionen reflektieren.

Da es meines Erachtens keine Zwergen-Fruchtgummis zum Naschen zu kaufen gibt, ersetze ich sie für das Orakel einfach durch Gummibärchen, die für mich ein Symbol für die kleinen Zwerge darstellen. Wenn ihr natürlich Zwergen-Fruchtgummi entdeckt, könnt ihr dieses sehr gerne verwenden.

Zwerge können wie Gummibärchen in verschiedenen Farben erscheinen. Jede Farbe kann eine andere Bedeutung haben und so, ähnlich wie die Zwerge, verschiedene Facetten oder Aspekte des Lebens repräsentieren. Zwerge sind bekannt für ihre verspielte und launische Natur. Gummibärchen sind ebenfalls ein Symbol der Freude und des Spiels, was sie zu einer passenden Wahl für eine spielerische Methode wie das Orakeln macht. Zudem sind Gummibärchen leicht zugänglich und werden oft mit Spaß und Genuss in Verbindung gebracht. Sie sind in vielen Geschäften erhältlich und können leicht für Orakelzwecke verwendet werden, ohne spezielle Ausrüstung oder Vorbereitung zu erfordern. Mit dem Gummibärchenorakel ist viel Spaß am Silvesterabend garantiert. Ihr werdet damit einen witzigen, unterhaltsamen und für die Kleinen lustigen Abend feiern, voller Ausgelassenheit und Fantasie.

Materialien

- Für ein Gummibärchenorakel benötigt ihr eine Tüte Gummibärchen mit den Farben Grün, Weiß, Rot, Hellrot, Gelb und Orange.

Anleitung

1. Jeder Teilnehmer zieht reihum und mit geschlossenen Augen fünf Gummibärchen aus der Tüte. Die Reihenfolge, in der ihr die Bärchen zieht, spielt für die Deutung keine Rolle. Gezogen werden pro Nase immer fünf Gummibärchen, sodass jede Farbe eine Chance bekommt, gezogen zu werden. Wer will, kann direkt aus der Tüte jeweils fünf Gummibärchen ziehen – natürlich mit geschlossenen Augen.
2. Eine andere Möglichkeit besteht darin, die Bärchen in ein Gefäß eigener Wahl zu geben, aus dem alle Teilnehmer mit geschlossenen Augen jeweils fünf Bärchen ziehen.
3. Ihr braucht ausschließlich auf die Farben der Gummibärchen und die Anzahl pro Farbe achten. Die Häufigkeit einer Farbe ist ebenso wichtig für die Deutung wie die Farbe selbst.

Auswertung

Die Interpretationen der gezogenen Gummibärchen sollen kindgerecht sein und das Kind dazu ermutigen, positive Eigenschaften zu entwickeln und das Leben in vollen Zügen zu genießen. Mögliche Interpretationen der gezogenen Bärchen:

- Rotes Gummibärchen: Steht für Liebe, Energie und Leidenschaft. Es kann bedeuten, dass das Kind Liebe in seinem Leben spüren wird oder mehr Energie für eine bestimmte Aktivität benötigt.
- Gelbes Gummibärchen: Symbolisiert Glück, Fröhlichkeit und Optimismus. Es kann bedeuten, dass das Kind bald eine positive Überraschung erleben wird oder daran erinnert wird, das Leben zu genießen.
- Grünes Gummibärchen: Steht für Wachstum, Gesundheit und Natur. Es kann bedeuten, dass das Kind sich körperlich oder emotional weiterentwickelt oder daran erinnert wird, sich um die Natur zu kümmern.
- Oranges Gummibärchen: Symbolisiert Kreativität, Abenteuerlust und Enthusiasmus. Es kann bedeuten, dass das Kind bald eine kreative Idee haben wird oder motiviert wird, neue Abenteuer zu erleben.

Gemeinsam könnt ihr euch auch andere lustige Deutungen überlegen, wie diese Interpretation auf das Leben des Kindes zutreffen könnte oder welche Botschaft das Gummibärchen für das Kind hat.

Das Gummibärchenorakel ist eine spielerische Methode, um Kinder zu ermutigen, über verschiedene Lebensbereiche nachzudenken und ihre eigenen Interpretationen zu entwickeln. Es fördert die Kommunikation und das Verständnis für ihre eigenen Gefühle und Gedanken.

OBST STATT GUMMIBÄRCHEN

Wenn ihr Gummibärchen durch Obst ersetzen möchtet, gibt es eine Vielzahl von Optionen, je nach euren Vorlieben und den Verfügbarkeiten im Winter. Hier sind einige Obstsorten, die als Ersatz dienen können und entsprechend ihrer Farben wie die Gummibärchen gedeutet werden:

- Trauben sind eine köstliche Alternative zu Gummibärchen. Sie sind süß, saftig und kommen in verschiedenen Farben vor.
- Erdbeeren und Himbeeren: Beeren sind im Winter zwar nicht in der Saison, aber doch häufig mittlerweile in den Supermärkten frisch anzutreffen. Alternativ können auch tiefgefrorene Beeren eingesetzt werden.
- Apfelspalten: Äpfel sind im Winter in einer Vielzahl von Sorten erhältlich. Sie sind knackig, süß und können in mundgerechte Spalten geschnitten werden, um sie leicht zu essen.
- Birnenscheiben: Birnen sind eine weitere köstliche Option. Sie sind süß und saftig und können in dünne Scheiben geschnitten werden, um sie als Snack zu genießen.
- Orangenspalten: Orangen sind im Winter in der Saison und bieten eine köstliche und saftige Möglichkeit, den süßen Zahn zu befriedigen.
- Ananasstücke: Ananas ist das ganze Jahr über verfügbar und bietet eine süße und exotische Option als Ersatz für Gummibärchen.
- Kiwischeiben: Süße Kiwis lieben viele Kinder, sodass diese den Orakelabend zu einem Heidenspaß machen.

Legt das Obst zerkleinert in eine Schale und lasst die Kinder mit verbundenen Augen und einem Zahnstocher die Fruchtteile daraus angeln.

Zwerge wachen über meine Geheimnisse!

Zwergenräucherung:

Zwerge lassen sich gerne von dem erdigen Räucherduft des Harzes und der Nadeln der Fichte berauschen. Beides auf Räucherkohle gelegt, macht die kleinen Hüter unserer Erde ganz trunken. Sie lieben diesen Zustand und werden es euch danken, indem sie euch die Lösungen bei Problemen zuflüstern, euch vor Gefahren schützen und bei euren täglichen Abenteuern als lustige Gesellen begleiten.

1. Januar – 8. Rauhnacht – Glücksbringernacht

Vielerorts startet der erste Tag im neuen Jahr mit dem Backen der Neujahrsbrezeln aus Hefeteig (siehe Seite 52f.). Kinder lieben es, dabei zu helfen. Schließlich duftet es dann nicht nur lecker in der Küche, sondern sie können es kaum erwarten, ihr eigenes Werk in Händen zu halten. Erklärt ihnen, dass die Form dieses süßen Gebäcks den Kreislauf des Jahres symbolisiert, und beschwört, dass sich in den nächsten zwölf Monaten alles fügen möge, was man sich wünscht. Als nährende und sättigende Substanz kommt der Brezel eine zentrale Bedeutung zu, und sie strahlt göttliche Eigenschaften aus, steht sie doch sinnbildlich für die Unendlichkeit und das Gelingen des Lebens. Wie eine liegende Acht symbolisiert sie Erfüllung, Vollkommenheit und das Selbst als Ursprung und Ziel der menschlichen Entwicklung nach schicksalsmäßigen Irr- und Umwegen. Die Brezel repräsentiert den Weg der inneren Stimme, die zu einem schönen, harmonischen und stimmig empfundenen Leben führt und von Krankheit befreien kann, wenn man der Sinnlosigkeit des Daseins entkommen ist und die Fülle und den Zauber des Lebens spüren kann.

Neben dieser Brezelform spielt auch der äußerst seltene vierblättrige Klee an jenem Tag eine wesentliche Rolle als Glücksbringer. Obwohl er sich im Winter tief ins Erdreich eingegraben hat, um sich an der Wärme aus der Tiefe zu laben, sollen Abbildungen desselben Lebenskraft und Glück forcieren. In der Lehre der Engelszahlen wird die Zahl 4 als eine Zahl betrachtet, die mit den Energien der Stabilität, Ordnung, und soliden Grundlagen in Verbindung steht. Die Zahl 4 ist ein Zeichen dafür, dass die Engel euch ermutigen, entschlossen eure Ziele zu verfolgen, dann werden die göttlichen Boten euch zur Seite stehen und nach Kräften unterstützen. Ein vierblättriges Kleeblatt nicht gesucht und doch gefunden bedeutet also ein Zeichen für die Unterstützung der himmlischen Kräfte bei euren Plänen.

Für die germanischen Völker war insbesondere der Eber ein heiliges Tier. Schweine, Symbol für Reichtum, Wachstum und sorgenfreies Dasein, zaubern uns bis heute ein herzhaftes Lächeln ins Gesicht, wenn sie uns als Glücksschweine an Silvester überreicht werden. In freier Natur toben diese lebensfrohen Vierbeiner ausgelassen und fröhlich durch die Gegend, wenn sie ihre Freiheit spüren. Wahre Lebensfreude und unermessliche Glücksgefühle überkommen euch bei ihrem Anblick. Als Boten der Ahnen nehmen sie uns die Angst vor dem Tod und zeigen uns die Wege zu einem unbezwingbaren Lebensmut, grenzenloser Vitalität und heroischer Lebenskraft. Ob als Sparschwein, Schokoladenschwein oder in echt in einem der vielen Freilichtmuseen oder Biohöfe, der Anblick dieser Vierbeiner weckt kosmische Urkräfte in unserem Innern.

Als Glücksbringer zur Jahreswende werden gerne Fliegenpilznachbildungen aus Marzipan oder Schokolade verschenkt. Ihr könnt natürlich auch Wotans Fliegenpilze (siehe Seite 68) verschenken oder gemeinsam essen. Der Pilz verkörpert die Fähigkeit der Menschen, in Trance zu verfallen und zu einem schamanischen Flug in andere Welten aufzubrechen. Seine rote Farbe steht für Lebenskraft, Leidenschaft und den Zauber eines menschlichen Lebens, während die weißen Punkte den Lebenssamen, Güte, Reinheit, Vollkommenheit und Neugierde repräsentieren. Gemeinsam symbolisieren sie den magischen Flug in andere Welten, wo wir unser Lebensglück finden.

Dem Pilz zur Seite steht der Schornsteinfeger, der die Tore zur Anderswelt sauber fegt und für die bessere Wahrnehmung der unsichtbaren Welten sorgt. Erfahrungsgemäß steigen Ahnengeister, Nikolaus und Weihnachtsmann durch den Schornstein, dem Verbindungskanal von Diesseits und Jenseits, in die Häuser der Menschen ein, wenn sie durch Gedanken ernst gemeint gerufen werden. Schornsteinfeger aus Marzipan, Schokolade oder eine Figur in einem kleinen Pflanzentopf sind daher willkommene Geschenke am ersten Neujahrstag.

Das Symboltier dieser rauen Nacht ist der Marienkäfer, markiert er doch das Glück für jedermann, der ihn in Form von Schokolade, Marzipan oder künstlichen Schmuckstücken auf Kleeblättern zu Silvester und Neujahr geschenkt bekommt. Der zierliche Käfer verspricht Wachstum, Fruchtbarkeit, Weisheit und Erkenntnis. Als Bote des Frühlings verkörpert er die Neugeburt der Sonne und unsterbliches Leben. Schon jedes Kind ist schier entzückt, wenn der kleine Kamerad sich auf seinen kleinen Ärmchen niederlässt und gemütlich darauf entlangkrabbelt. Sein magischer Wert wird durch die sieben (Glückszahl) schwarzen Punkte auf seinem Rückenschild noch erhöht, die auf den Glückskäfern aus Schokolade an Silvester in weißer Farbe dargestellt werden, da sie den Samen der Erde widerspiegeln sollen, der die Fruchtbarkeit des Landes sichern muss.

Den Neujahrstag mit Kindern gestalten

Den Neujahrstag mit Kindern zu verbringen, kann eine wunderbare Gelegenheit sein, jahrtausendealte und kraftgebende Traditionen und Bräuche gemeinsam zu genießen und das neue Jahr auf spielerische Weise mit sinnstiftenden Aktivitäten zu begrüßen.

- Ein Neujahrsspaziergang in der Natur kann erfrischend sein und bietet Gelegenheit, über die Vorsätze und Wünsche für das neue Jahr zu sprechen.
- Lasst die Kinder ihre Vorsätze oder Träume für das neue Jahr malen. Diese Bilder können dann an einem Fenster, entlang eines Treppengeländers oder an einer Zimmerwand aufgehängt werden.

- Plant einen Besuch bei Freunden oder der Familie ein oder ladet sie zu euch ein. Gemeinsame Aktivitäten wie Spiele oder ein gemeinsames Essen können den Tag bereichern.
- Organisiert eine Schatzsuche im Haus mit kleinen Überraschungen und Lebensweisheiten. Dies sorgt für Spaß und Bewegung.
- Wenn es erlaubt und sicher ist, könnt ihr ein kleines Feuerwerk oder Wunderkerzen draußen auf dem Balkon, im Garten oder unterwegs in einem Park entzünden. Die springenden Sterne davon begeistern bis heute Groß und Klein, zaubern allen ein Lachen ins Gesicht und sorgen für viel Spaß und Ausgelassenheit.
- Eine Tüte Naschereien, frisches, süßes Obst und etwas Warmes zum Trinken gestalten diese zaubervollen Augenblicke zu einem gelungenen Ereignis.

Glücksbringer helfen mir in jedem Augenblick und machen mich mutig!

Glücksbringerräucherung:

Die Energie der Glücksbringer könnt ihr durch das Verglühen von Stäben aus Palo-Santo-Holz intensivieren. Der charakteristische Duft des Harzes (leicht süßlich mit einem Hauch von Kokos) entwickelt sich beim Verglimmen. Ihr zündet dazu ein Ende des Stabes an und lasst ihn so lange anbrennen, bis ihr etwas Glut seht. Dann wedelt ihr die Glut aus und geht mit dem rauchenden Palo Santo durch die Stube. Anschließend legt ihr das Stückchen in einem feuerfesten Schälchen ab und lasst es ausglühen. Das Holzstäbchen könnt ihr immer wieder verwenden, bis es völlig verkohlt oder niedergebrannt ist. Es heißt, die negativen Energien scheuen diesen Duft, wogegen die guten von ihm angezogen werden.

2. JANUAR – 9. RAUHNACHT – ELFENNACHT

Elfen, diese zauberhaften Wesen aus der Welt der Märchen, wandeln wahrhaftig in unserer Welt. Wenn ihr euer Herz wieder der Natur öffnet, dem Rauschen eines Baches lauscht, einem Baum beim Wachsen zuseht und die Kräfte der Natur in euch aufnehmt, könnt ihr ihnen begegnen. Sie zeigen euch, wie ihr eurem eigentlichen göttlichen Wesen wieder näherkommt. Ergreift ihre helfende Hand, und sie lehren euch Leichtigkeit und Unbeschwertheit.

Auf moosbedeckten Wegen durch harzig duftende Wälder findet ihr die Pfade dieser zaubervollen Lichtwesen. Genau dort berühren sich eure und ihre Welt. Mit allen Sinnen nehmt ihr es wahr, wenn sich eine Pforte in das Reich dieser magischen Naturwesen öffnet. Aus dem Nichts kommen urplötzlich fantastische Wesen, um euch auf eurem Streifzug durch die Wildnis zu begleiten. Bringt ihnen süße Früchte und Quellwasser mit. Platziert diese an einer Baumwurzel und schreibt ihnen ein paar Zeilen. Legt euch danach mit einem Fell auf eine sonnige Waldlichtung. Schließt die Augen, atmet tief ein, lasst euch durchdringen von dem erdigen, frischen Duft der Fichten und Tannen. Das sind sie, mit ihrer Zauberkraft fächeln sie euch den lieblichen Wohlgeruch aller Pflanzen in die Nase. So heilen sie euch von schwerwiegenden Sorgen und Gedanken. Sie rufen euch zu, euch zu wandeln und endlich den Pfad der Leichtigkeit einzuschlagen. Schwebt mit den Elfen davon, in das Land eurer Träume, und lebt mit ihnen glücklich, wie im Märchen, bis ans Ende eurer Tage. Öffnet wieder eure Augen. Hört ihr ein Rascheln im Unterholz oder seht ihr Pflanzenteile zu Boden fallen, dann sind sie ganz nah bei euch und schenken euch ihre volle Aufmerksamkeit. Sprecht mit ihnen, sie werden euch ganz sicher antworten.

Geschichten und Legenden

Eine der besten Möglichkeiten, Kinder in das Elfenbrauchtum einzuführen, sind Geschichten und Legenden über Elfen. Es gibt unzählige Bücher, Märchen und Sagen, die von Elfen handeln und sich perfekt für Vorlesestunden eignen. Kinder können dabei in die zauberhafte Welt dieser geheimnisvollen Naturwesen eintauchen und spannende Abenteuer erleben.

Zu den bekanntesten Elfengeschichten gehören unter anderem:

Die Wichtelkinder von Elsa Beskow

Peter Pan von James Matthew Barrie

Die kleinen Leute von Swabedoo von Wilhelm Hauff

Diese Geschichten regen die Fantasie der Kinder an und vermitteln wichtige Botschaften über Freundschaft, Abenteuerlust und den Schutz der Natur.

Elfenartige Bastelideen

Im Rahmen des Elfenbrauchtums gibt es zahlreiche Bastelaktivitäten, die Kinder dazu einladen, ihre eigenen kleinen Welten der Elfen zu erschaffen.

Einige Bastelideen für Kinder im Rahmen des Elfenbrauchtums sind:

- Gestaltet mithilfe von kleinen Kartons, Zweigen, Moos und anderen Naturmaterialien Elfenhäuser. Mit etwas Glück ziehen sie dort in einer leuchtenden Mondnacht ein.
- Bastelt mit Pappe, Glitzer und Federn eure eigenen Elfenflügel, so spürt ihr, wie sich Elfen fühlen.
- Formt aus Blumen, Blättern und Bändern wunderschöne Elfenkränze. Kinder tragen diese gerne voller Stolz.

- Mit Knete oder Ton können Kinder ihre eigenen Elfenfiguren modellieren und ihnen anschließend mit Farbe und Glitzer Leben einhauchen.
- Versteckt euch wie echte Elfen im Wald und tollt mit dort wohnenden Elfen herum. Nichts lieben Elfen mehr, als einen Nachmittag mit Menschenkindern ausgelassen zu spielen.

Diese Spiele und Aktivitäten bringen nicht nur Spaß, sondern ermöglichen es den Kindern auch, sich in die Welt der Elfen hineinzuversetzen und dabei ihre Vorstellungskraft zu entwickeln.

Sie flüstern den Kindern Wertschätzung für die Natur ein und informieren über die kleinen Wunder des Lebens. Diese Aktivitäten können ganz einfach in den Alltag integriert werden und helfen dabei, eine enge Verbindung zu den geheimnisvollen Spielkameraden in der Natur herzustellen.

Rituale zum Erspüren von Elfen

Zudem gibt es zahlreiche Rituale, mit denen Kinder die Anwesenheit der kleinen Naturgeister spüren:

- Kleine Gaben wie Blumen, Früchte oder selbst gemachte Kunstwerke als Opfergaben an vermooste Baumwurzeln gelegt, drücken Dankbarkeit der Menschenkinder aus und die Elfen tanzen vor Freude.
- Gestaltet einen Elfenaltar, das ist ein kleiner Platz oder Tisch in eurer Stube oder sogar irgendwo draußen in der Wildnis. Legt Blumen, Kerzen, Figuren, kleine Spielsachen und andere schöne Dinge für die Elfen auf ein Tuch oder einfach nur auf der Erde bereit.
- Schreibt Briefe an die Elfen und erzählt von euren Erlebnissen, Wünschen und Träumen. Diese Briefe können dann an einem besonderen Ort in der Natur versteckt werden, damit die Elfen sie finden können.

- Unternehmt Spaziergänge in der Wildnis (Parks, Gärten, Wald- und Wiesenwege) und haltet dabei Ausschau nach Zeichen der Elfen, wie zum Beispiel glitzernde Spinnweben, ein Rascheln im Unterholz, plötzlich herabfallende Blätter, Zweige etc. oder das Zwitschern von Vögeln, die die Kommunikation mit euch suchen.

Während der Rituale werden oft auch Räucherwerk und spezielle Kräuter verbrannt, um eine Verbindung zur Welt der Elfen herzustellen und sie zu rufen. Besonders geeignet sind dafür Lavendel für eine entspannende und magische Atmosphäre, Thymian, um sie zu rufen, Rosmarin, weil sie dessen frischen, harzigen Duft nicht widerstehen können, Kamille mit ihrem milden, süßen Wohlgeruch, der sie verzaubert, und würziger Salbei, der sie willkommen heißt.

Mit den Elfen fühle ich mich sicher und geborgen! Sie sind als Spielkameraden immer und überall für mich da!

3. Januar – 10. Rauhnacht – Sternschnuppennacht

Meteorströme sorgen alljährlich für einen eindrucksvollen Sternschnuppenregen zur Rauhnachtszeit. Dann immer fliegt unser Planet durch eine Staubwolke hindurch. Die winzigen Körnchen verdampfen in der Lufthülle der Erde. Dadurch sehen wir Sternschnuppen – zumindest dann, wenn es nicht bewölkt ist.

Für wissbegierige Kinder, die fragen, was denn genau Sternschnuppen sind, habt ihr natürlich direkt eine Antwort: Die Schnuppen entstammen einer Staubwolke, die unsere Erde auf ihrer Bahn um die Sonne jedes Jahr um dieselbe Zeit durchquert. Dabei treten die Staubpartikel in die Erdatmosphäre ein, in der sie dann die als Sternschnuppen bekannten Leuchterscheinungen erzeugen. In der Regel gehen Meteorströme auf winzige Überreste von Kometen zurück: Schweifsterne, die bei der Annäherung an die heiße Sonne Staub freisetzen, der sich dann über die Kometenbahn verteilt.

Schaut in einer sternenklaren Nacht in den Himmel. Plötzlich wird es ganz hell: Sternschnuppen fallen vom Himmel und leuchten funkelnd auf die Erde herab. Nach alten Legenden lehrt uns die Sternschnuppe, der Weisheit unseres Herzens zu folgen, und empfiehlt, an Wunder zu glauben. »Wenn du eine Sternschnuppe siehst, wünsch dir was!«, heißt es seit Generationen. Aber ist dies wirklich so? Nicht ganz, denn die Sternschnuppe ist ein Zeichen des Himmels. Sie erscheint, wenn du dir sehnlichst etwas wünschst, und wenn dann eine Sternschnuppe am Himmel erscheint, dann wird dieser Wunsch auch in Erfüllung gehen. Bedingung dafür ist allerdings, dass du während deines sehnsuchtsvollen Wunsches nicht an eine Sternschnuppe denkst.

Um Sternschnuppen ranken sich seit Jahrtausenden vielfältige Mythen und Aberglauben in fast allen Kulturen. Im deutschen Sprachraum taucht das Wort »Sternschnuppe« seit dem 18. Jahrhundert auf. Eine Schnuppe war der Dochtabfall einer Kerze, der beim Verglühen herabfiel. Im Volksmund erzählte man sich die Geschichte, dass Engel in der Nacht die Sternenlichter putzten und der dabei aufgewirbelte Sternenstaub als Sternschnuppen am Himmel erscheint. Andere Erzählungen führen Sternschnuppen und ihre Bedeutung auf die Tränen des Mondes oder die Haarschuppen einer Riesin, die ihr Haar mit der Mondsichel kämmt, zurück. Egal, ob man an ihre magischen Kräfte glaubt oder nicht: Um eine von ihnen zu erblicken, gehört sogar in einer Sternschnuppennacht immer etwas Glück und viel Geduld dazu. Es ist daher ein besonderes Erlebnis – ein Geschenk des Himmels für euch. Und denkt daran: Die zuvor gedachten Gedanken und Träume all jener, die die Sternschnuppe ungesucht erblicken, steigen im selben Moment zum Himmel empor.

Sternschnuppenspiele

Sternschnuppenspiele sind eine wunderbare Möglichkeit, um die Faszination für den nächtlichen Himmel zu wecken und gemeinsam mit Freunden oder der Familie Spaß zu haben. Hier sind einige Spiele und Aktivitäten, die ihr bei einer Sternschnuppennacht ausprobieren könnt:

- Setzt euch alle gemütlich im Freien hin und sucht gemeinsam den Himmel nach Sternschnuppen ab. Jedes Mal, wenn jemand eine Sternschnuppe sieht, ruft er »Sternschnuppe!«, und alle zählen zusammen. Derjenige, der die meisten Sternschnuppen entdeckt, gewinnt.
- Wenn jemand eine Sternschnuppe sieht, kann er einen Wunsch äußern. Dieses Spiel ist besonders beliebt bei Kindern und schafft eine magische Atmosphäre.
- Schaut euch die Sterne an und versucht gemeinsam, die verschiedenen Sternbilder zu identifizieren. Es macht Spaß, die Formen der Sternbilder zu erraten und zu sehen, wer sie am schnellsten erkennt.
- Wenn du eine Kamera hast, die in der Lage ist, den Nachthimmel aufzunehmen, kannst du versuchen, Sternschnuppen zu fotografieren. Setze deine Kamera auf Langzeitbelichtung und halte Ausschau nach den hellen Streifen, die die Sternschnuppen hinterlassen.
- Setzt euch im Kreis zusammen und erzählt euch Geschichten über Sternschnuppen. Jeder kann eine Geschichte über eine Sternschnuppe erfinden und sie den anderen erzählen.

- Manchmal ist es schön, einfach still zu sein und den Nachthimmel zu beobachten. Setzt euch in einer bequemen Position hin und genießt gemeinsam die Ruhe und Schönheit des Sternenhimmels.

Diese Spiele und Aktivitäten können eine Sternschnuppennacht zu einem unvergesslichen Erlebnis machen und die Wunder des Universums für alle Teilnehmer zum Leben erwecken.

Sternschnuppenritual

Ein Sternschnuppenritual ehrt die Magie des Nachthimmels und manifestiert Wünsche oder Absichten. Sternschnuppenrituale könnt ihr alleine oder mit euren Freunden durchführen.

Vorbereitung

1. Findet einen ruhigen Ort im Freien, fernab von störenden Lichtquellen, um einen klaren Blick auf den Himmel zu haben.
2. Bringt eine Decke, ein Schaffell oder einen Campingstuhl mit, um bequem sitzen zu können.
3. Wenn möglich, wählt eine Nacht mit erhöhter Sternschnuppenaktivität, wie zum Beispiel während eines Meteorstroms. Öffentliche Medien geben die Sternschnuppennächte bekannt und informieren euch darüber, wenn ein Regen voller Sternschnuppen auf die Erde herabfällt.

Durchführung

1. Bereitet euch innerlich vor, indem ihr einige Minuten meditiert oder tief atmet, um zur Ruhe zu kommen und im Moment anzukommen.
2. Sobald ihr bereit seid, richtet euren Blick zum Himmel und beobachtet die Sterne. Seid geduldig und offen für das, was ihr sehen werdet.

3. Wenn ihr eine Sternschnuppe seht, nehmt euch einen Moment Zeit, um sie zu bewundern und in euch aufzunehmen.
4. Schließt dann eure Augen und stellt euch vor, wie sich euer Wunsch oder eure Absicht manifestiert. Visualisiert es so lebhaft wie möglich und spürt die Emotionen, die damit verbunden sind.
5. Sagt leise oder in Gedanken einen kurzen Satz oder einen Zauberspruch, der eure Absicht unterstützt. Zum Beispiel: »Ich empfange die Fülle des Universums« oder »Ich bin bereit, meine Träume zu verwirklichen«.
6. Bedankt euch bei den Sternen und dem Universum für ihre Unterstützung und sendet positive Energie in den Nachthimmel.
7. Setzt euch noch einen Moment lang still hin und genießt die Verbundenheit mit dem Universum.
8. Wenn ihr möchtet, könnt ihr das Ritual mit einer kurzen Dankesgabe abschließen, indem ihr etwas Wasser, Blumen oder andere natürliche Materialien auf den Boden legt.

Nachbereitung

1. Beendet das Ritual, indem ihr euch langsam von eurem Platz erhebt und euch wieder in eurer Umgebung verankert.
2. Nehmt euch Zeit, um über die Erfahrung zu reflektieren und eventuelle Erkenntnisse oder Gefühle in einem Tagebuch festzuhalten.
3. Vertraut darauf, dass eure Absichten gehört wurden und dass das Universum auf sie antworten wird. Bleibt offen für Zeichen und Synchronizitäten in den kommenden Tagen und Wochen.

Sternschnuppenrituale sind kraftvolle und berührende Erfahrungen, die dabei helfen, euch mit dem Universum zu verbinden und eure innersten Wünsche und Absichten zu manifestieren.

Ich bin ein leuchtender Stern und bringe Licht und Liebe in die Welt.

STERNSCHNUPPENRÄUCHERUNG

Mit etwas Glück schafft ihr durch das Verräuchern von Mastix und Styrax, die magischen Leuchtkegel auf euch aufmerksam zu machen. Diese geheimnisvollen Räucherstoffe lehren euch, an Wunder zu glauben, und berühren die Weisheit eurer Seele. Auch wenn ihr die Sternschnuppen nicht sehen könnt, so strahlt ihr mystischer Zauber mit diesen Wohlgerüchen in euren Herzen. Dann verraten diese leuchtenden Himmelskörper die Geheimnisse des Lebens und verbinden euch mit der Einzigartigkeit eures Daseins, die die Neugierde auf euren eigenen Weg weckt.

4. Januar – 11. Rauhnacht – Sonnennacht

Die Sonne ist das Zentrum des Planetensystems und der hellste Stern im Universum. Eine kosmische Energiequelle, ein riesiger Kernenergiereaktor und 4,7 Milliarden Jahre alt. In ihrem Inneren herrschen fünfzehn Millionen Grad, von ihrer Oberfläche aus schickt sie ihr Licht und ihre Wärme ins All und zu uns auf die Erde. Dieser Zauberkörper bestimmt alles Leben auf unserem blauen Planeten, spendet Licht, erwärmt das Land, die Meere, die Atmosphäre, lenkt das Klima und die Tageszeiten. Er entscheidet über Trockenperioden und Eiszeiten, bewegt den Wind, der über die Erde weht, und bestimmt unser Wetter.

Die Sonne gestaltet als größtes Himmelslicht durch ihre tägliche Präsenz das Leben der Menschen und ihren tiefsten Wesenskern. Sie erhellt unseren Geist, verbindet uns mit der Schöpfung und lässt uns Unendlichkeit spüren. In unserem Inneren öffnen ihre leuchtenden Strahlen unsere Sinne für Erkenntnis und erwecken unsere kreativen Kräfte, wir entdecken in ihr die Ursprungsenergie unserer Seele. Sie unterstützt uns bei der Verteidigung unserer eigenen Meinungen und Standpunkte. Ihr goldenes Licht auf unserer Haut bestärkt uns in unseren Impulsen, Ja zum Leben zu sagen und Verantwortung zu übernehmen. Die angenehme Wärme öffnet die Pforten zu unserem innersten Kern, unseren Gedanken, Gefühlen, unserem Geist und Bewusstsein. Ihre Leuchtkraft aktiviert und stärkt unser Immunsystem.

Fröhliche Feierlichkeiten zu den beiden Sonnenwenden im Sommer und Winter erinnern an die uralte Sonnenverehrung. Sie haben die Jahrtausende überdauert und werden bis heute ausgelassen gefeiert. Die Sonne hat ihre Magie also nicht verloren.

Die Geburt des Lichts während der Wintersonnenwende und den zwölf Rauhnächten ist ein magisches Fest, das wir mit Kindern zu zelebrieren. Denn Kinder nehmen die Welt mit allen Sinnen wahr, und das zu unterstützen, ist eine wertvolle Entwicklungsbegleitung durch die Eltern. Am 21. Dezember ist der kürzeste Tag des Jahres, gefolgt von der längsten Nacht des Jahres. Dies feierten unsere Vorfahren viele Tage bis ins neue Jahr hinein. Ihr könnt dies heute als Familie zum Anlass nehmen, die Wiedergeburt der Sonne zu feiern, denn ab diesem Datum werden die Tage wieder zwischen ein bis zwei Minuten länger. Wenn ihr möchtet, könnt ihr auch einmal ausprobieren, einen Abend das Licht auszulassen, eine Kerze anzünden und diese magische Stimmung genießen. Geschichten erzählen, singen, reden, kuscheln oder ein Feuer in einer feuerfesten Schale auf dem Balkon oder im Garten anzünden. Am besten mit selbst gesammelten Stöcken aus dem Wald, Park oder von den Feldern. Das gibt ein besonders zaubervolles Erlebnis. Ihr könnt auch weitere Familienmitglieder oder Freunde dazu einladen. Jeder könnte eine Kleinigkeit zum Essen und Trinken mitbringen, und gemeinsam könnt ihr einfach die magische Stimmung, das knisternde Feuer genießen und dabei singen, tanzen, lachen. Als wiederkehrendes, jährliches Ritual gibt es unserer Seele Kraft, Geborgenheit, Stabilität und unendliche Lebensfreude.

Sonnenräucherung

Eine Sonnenräucherung sorgt für viele gute Schwingungen in unserem Leben. Sie bringt uns zum Singen, Tanzen und Lachen. Gelbes Johanniskraut ruft die Sonne an und hellt die Stimmung auf, Rosmarin reinigt die Aura und stimuliert für den Tag, Kamille beruhigt die Nerven lässt das Leben atmen, Zitronenmelisse hebt die Stimmung und erfrischt, Kopal unterstützt die Kommunikation mit der Sonne und lässt uns ihre geheimen Botschaften verstehen, Zedernholz und Zedernharz aus der mystischen Bergwelt bringt die Frische der Natur in die Stube.

Sonnenritual

Ein Sonnenritual für Kinder gilt als wunderbare Möglichkeit, um die Verbindung zur Natur zu stärken, Dankbarkeit zu kultivieren und die Energie der Sonne zu ehren.

Vorbereitung

1. Wählt einen Ort im Freien, idealerweise in einem Garten, Park oder auf einem offenen Feld, wo die Kinder die Sonne sehen können.
2. Überprüft das Wetter, um sicherzustellen, dass es an diesem Tag sonnig und angenehm ist.
3. Sammelt einige einfache Requisiten wie Blumen, Zweige, Moos oder kleine Steine, die die Kinder während des Rituals verwenden können.

Durchführung

1. Die Kinder versammeln sich in einem Kreis und setzen sich bequem auf eine warme Unterlage (Fell, Kissen etc.). Sie schließen die Augen und nehmen einige tiefe Atemzüge, um sich zu entspannen und im Moment anzukommen.
2. Die Kinder öffnen ihre Augen und schauen gemeinsam zum Himmel, um die Sonne zu begrüßen. Sie können ihre Hände zur Sonne ausstrecken und sie mit einem freundlichen »Guten Morgen, Sonne!« oder anderen Begrüßungsworten willkommen heißen.
3. Jedes Kind hat die Möglichkeit, der Sonne für etwas zu danken. Sie können dankbar sein für das Licht, das Wärme spendet, für die Energie, die es ihnen gibt, oder für die Möglichkeit, draußen zu spielen.
4. Die Kinder schließen erneut die Augen und stellen sich vor, wie die warmen Strahlen der Sonne sie umgeben und mit positiver Energie aufladen. Sie können sich vorstellen, wie die Sonne ihnen Mut, Freude und Stärke schenkt.

5. Die Kinder stehen auf und tanzen gemeinsam im Kreis, während sie die Arme hochheben und sich im Rhythmus von Musik bewegen. Sie können singen oder summen, um ihre Freude über die Sonne auszudrücken und ihre Energie zu spüren.
6. Die Kinder legen die gesammelten Requisiten in die Mitte des Kreises und gestalten gemeinsam einen kleinen Altar für die Sonne. Dazu breiten sie bunte oder weiße Tücher aus, arrangieren Blumen, Baumzweige, Zapfen von Nadelbäumen und Steine um den Altar herum.
7. Zum Abschluss des Rituals danken die Kinder der Sonne noch einmal für ihr helles Scheinen und ihre Segnungen.

Die Kinder können ihre Freude über das Sonnenritual teilen, indem sie gemeinsam lachen, tanzen oder sich umarmen. Sie können sich gegenseitig ermutigen, die Energie der Sonne in ihrem Alltag zu nutzen und sich an ihre Verbindung zur Natur zu erinnern.

Ein Sonnenritual für Kinder ist eine einfache und spielerische Möglichkeit, um die Sonne zu ehren, Dankbarkeit zu kultivieren und die Verbindung zur Natur zu stärken. Es inspiriert Kinder dazu, die Schönheit und die Segnungen der Sonne zu schätzen und ihre eigene innere Sonne zum Strahlen zu bringen.

Gemeinsam Sonnengesichter malen und die Bilder in der Stube, auf dem Balkon oder im Garten aufhängen sind schöne Aktivitäten, die den Tag zu Feier der Sonne abschließen.

Ich spüre warme Sonnenstrahlen auf meiner Haut! Sie sind die Urquelle für mein wunderschönes Leben!

5. Januar – 12. Rauhnacht – Perchtennacht

Perchten sind Gestalten aus dem alpenländischen Raum und Teil des Brauchtums, insbesondere während der Rauhnächte zwischen Weihnachten und dem Dreikönigstag. In Perchtenläufen, bei denen Menschen in aufwendigen Kostümen und Masken, die wilde und oft gruselige Kreaturen darstellen, ziehen sie durch die Straßen. Die Perchtenläufe in der schaurigsten Rauhnacht vom 5. auf den 6. Januar gehen auf vorchristliche keltische oder germanische Wurzeln zurück. Wichtigste Utensilien bei allen Perchtenläufen sind, neben den fantasievollen Masken, die Glocken und Schellen, mit denen die Perchten lärmend durch die Straßen ziehen. Das Lärmen ist wichtig, um das neue Jahr gebührend zu begrüßen, und auch, um ungute Geister zu vertreiben, damit es ein gutes Jahr werden kann.

Die Perchtenläufe stellen eine Verbindung zum Unterbewussten, zu archaischen Kulturschichten und zur Anderswelt her. In lebensfeindlichen, ungemütlichen Zeiten oder auch traurigen Momenten verfolgen uns dunkle Gedanken, die wie dämonische Mächte wirken. Sie versuchen, uns die Lebensfreude zu nehmen, uns mit Ängsten und Schwermut zu belasten. In diesen Augenblicken erinnern uns die Perchten daran, diesen Empfindungen mit gleicher Manier entgegenzutreten und sie damit zu besiegen. Das schaffen wir durch Selbstreflexion. Hinterfragt euer Denken, Fühlen und Handeln, geht in euch hinein, findet mehr über euch heraus. So gelangt ihr zu euren spirituellen Wurzeln, die eure Seele in gute, lebensbejahende Gedanken hüllt. Vertraut darauf, dass sich alles wieder zum Besten wandeln wird.

Hängt Sonnenmasken in eurer Stube auf. Sie erinnern euch an die Naturgöttin Percht (oft als Sonne dargestellt), auch Holle genannt, die ihr schon vom Anfang des Buches her kennt. Sie zieht in diesen kalten Tagen über das Land, beobachtet euch und wird euch helfen, wenn ihr bereit zur Läuterung seid, an euch arbeitet und gestärkt aus der Krise hervorgehen möchtet. Ebenso können die Kinder Sonnengesichter malen und in der Stube aufhängen. So rufen sie die neu erwachte Sonne in die Stube, die nach dem dunkelsten Tag am 21. Dezember täglich wieder um ein bis zwei Minuten länger scheint.

Vorbereitung auf den Perchtenlauf

Traditionell sind die Perchten in den zwölf als magisch angesehenen Rauhnächten zwischen Weihnachten und dem Dreikönigstag unterwegs. Vielerorts finden aber auch vorher schon Perchtenläufe statt. Als Brauchtum der Wintersonnenwende reichen die Perchten sehr weit zurück. Trotz ihres schaurigen Aussehens sind die zotteligen Gesellen Glücks- und Segensbringer, die die bösen Geister der Dunkelheit abwehren. Sie sollen Haus und Hof vor Unglück bewahren sowie die Vegetation kräftig ankurbeln, um eine reiche Ernte von Feldfrüchten herbeizurufen. Ein sanfter Schlag mit der Rossschweifrute soll Glück bringen.

Damit sich die Kinder nicht vor diesen zottigen Gesellen fürchten, solltet ihr sie vor einem Perchtenlauf auf das Aussehen vorbereiten und ihnen den alten Brauch nahebringen. Dass sich unter den Masken natürliche, wohlwollende Menschen befinden, ist wichtig zu erzählen – und natürlich die Tatsache, dass mit dem furchterregenden Aussehen die Wintergeister vertrieben werden sollen, um für den Frühling Platz zu schaffen. Mit Bildern von den Masken der Perchten können sich die Kinder auf die Umzüge einstellen und verlieren so die Furcht vor diesen nicht alltäglichen Gestalten. Zudem gibt es mittlerweile auch Perchtenläufe für Kinder, wo vor dem Beginn die Kinder selbst Masken aufsetzen, die Felle streicheln oder den Perchtenmasken ins Maul fassen dürfen.

Perchtenmasken basteln

Möchten Kinder Masken selbst basteln, könnt ihr nach folgender Anleitung vorgehen.

Materialien

- Pappteller oder dicke Pappe
- Schere
- Bastelmaterialien, wie Farben (zum Beispiel Acrylfarben), Stifte, Marker, Kleber, Glitzer, Federn, Filz, Stoffreste, Wolle usw.
- Locher
- Gummibänder oder Eisstiele zum Befestigen der Masken

Anleitung

1. Verwendet Pappteller oder schneidet Maskenformen aus dicker Pappe aus, die als Grundlage für die Masken dienen. Stellt sicher, dass die Masken groß genug sind, um das Gesicht der Kinder zu bedecken.
2. Gebt den Kindern die Freiheit, ihre eigenen Designs zu entwerfen. Sie können Farben, Stifte und Marker verwenden, um die Grundform der Maske zu verzieren. Lasst sie auch mit anderen Materialien wie Glitzer und Federn experimentieren, um Details hinzuzufügen.
3. Die Kinder können Gesichter auf ihre Masken malen oder zeichnen, um verschiedene Charaktere darzustellen.
4. Verwendet einen Locher, um Löcher an den Seiten der Maske zu stanzen. Durch diese Löcher können Gummibänder gezogen werden, um die Masken am Kopf zu befestigen. Alternativ könnt ihr auch Eisstiele anbringen, damit die Kinder die Masken vor ihren Gesichtern halten können.
5. Lasst die Masken trocknen, damit die Farben und Klebstoffe vollständig aushärten können.

Sobald die Masken fertig sind, können die Kinder stolz ihre Kreationen präsentieren und sie für Rollenspiele oder fantasievolle Spiele verwenden.

Es ist eine aufregende Zeit voller Zauber, wenn die Perchten kommen, und viele Leute freuen sich darauf, sie zu sehen und mit ihnen zu feiern. Für Kinder ist der Perchtenlauf besonders lustig, wenn sie selbst mit Laternen, Masken und Fellen um den Körper zum Perchtenlauf erscheinen. Sie fühlen sich dadurch als aktiver und wichtiger Teil dieser Veranstaltung und nicht nur als passive Zuschauer.

Ein kinderfreundliches Perchtenritual ist eine intensive und lehrreiche Erfahrung, die den Kindern die Bedeutung von Traditionen und den Wechsel der Jahreszeiten näherbringt. Sie lernen, wie abwechslungsreich und abenteuerlich das Leben ist und dass die Rauhnächte ihre besondere Magie haben.

Perchtenräucherung

Traditionell werden in der Perchtennacht verschiedene Kräuter und Harze verwendet, um böse Geister zu vertreiben und das Haus zu reinigen. Mit einem Räucherfass bei einem Perchtenlauf intensiviert ihr die Wirkung dieses Rituals nicht nur auf euch, sondern auch auf die umstehenden Zuschauer und gestaltet den Abend zu einem wirklich magischen und geheimnisvollen Event. Verwendet Beifuß, Fichtenharz und Salbei zur Reinigung, zum Schutz und zur Desinfektion des Umfeldes, Wacholder zur Abwehr von negativen Energien und Gedanken, Lavendel zur Entspannung und für unwiderstehlichen Wohlgeruch sowie Rosmarin für klare Gedanken, die Erkenntnis und Weisheit bringen.

Ich freue mich mit den Perchten auf den Frühling!

6. Januar – Zauberer- und Magiernacht

Der 6. Januar ist in unserer Tradition der Tag der Heiligen Drei Könige Caspar, Melchior und Balthasar: Die christliche Legende bezeichnet damit die im Matthäusevangelium erwähnten Weisen aus dem Morgenland. Sie kamen, von einem Stern geführt, nach Bethlehem, huldigten dort als Erste dem Jesuskind und brachten ihm Weihrauch, Myrrhe und Gold. Aber wer waren sie wirklich? Genau genommen waren sie keine Heiligen, denn laut Bibel ist lediglich von Weisen, Magiern bzw. Sterndeutern die Rede. Zu Königen wurden sie erst durch die missverständliche Übersetzung des Wortes »Magier«.

Zum Dreikönigstag erinnern bis heute Sternsinger katholischer Pfarrgemeinden an die drei Weisen aus dem Morgenland. Kinder ziehen als die drei Könige verkleidet mit einem Stern und einem Räucherfass gefüllt mit Weihrauch von Haus zu Haus und singen Dreikönigslieder. Auf den oberen Türbalken der Haustür schreiben sie mit gesegneter Kreide eine Formel: Die Jahreszahl und »C+M+B«. Eine Abkürzung, die für die Initialen der drei Könige steht oder als »Christus mansionem benedicat« gedeutet wird: »Christus, segne dieses Haus.«

Um den Gedanken der Magie, des Zaubers vom Leben, näherzubringen, können wir mit Kindern diesen Tag ganz besonders begehen. Magie ist die geheime Kunst, möglich zu machen, was unmöglich scheint. Darum geht es auch in den magischen Rauhnächten. Mystik und Magie stehen im Mittelpunkt, das sind jene zaubervollen Momente, die uns lehren, das Staunen zu entdecken und unseren Impulsen zu folgen. Mit traditionellen Bräuchen, Ritualen und Legenden lernen wir wieder, wie wir unsere Wahrnehmung beeinflussen, unseren Alltag durch einfache Kniffe wieder zum Leuchten bringen und schließlich selbst zu Magiern unseres Lebens werden.

Wir können Kinder mit magischen Ritualen und Lebensweisheiten ermutigen, ganz bewusst ihr Leben und ihre Ziele zu beeinflussen und im Alltäglichen das Wunderbare zu sehen, denn darin liegen das Glück und die Magie des Lebens.

- »Ich kann alles schaffen, wenn ich daran glaube und es versuche.«
- »Ich bin stolz auf mich und alles, was ich bisher erreicht habe.«
- »Fehler sind Teil des Lernens. Jeder macht sie und sie helfen mir, besser zu werden.«
- »Ich bin stark und mutig, und ich weiß, dass ich das schaffen werde.«
- »Meine Ideen und Gedanken sind wichtig und wertvoll.«
- »Ich habe die Fähigkeit, Großartiges zu erreichen.«
- »Es ist in Ordnung, nervös zu sein. Mut bedeutet, es trotzdem zu versuchen.«
- »Ich glaube an mich und meine Fähigkeiten.«

Eine Magiernacht mit Kindern

An sich selbst, seine Fähigkeiten zu glauben und auf die jedem innewohnende innere Stimme zu hören, sind die Voraussetzungen für ein magisches Leben voller Wunder. Die Feier einer Magiernacht mit Kindern und ihren Freunden kann zu einem unvergesslichen Moment für die Kleinen werden, an dem sie viel Spaß haben, singen, lachen, tanzen und an den sie sich ein Leben lang gerne zurückerinnern.

Nachfolgend liste ich einige inspirierende Ideen auf, wie ihr eine erfolgreiche und unvergessliche Magiernacht mit Kindern feiern könnt:

- Gestaltet geheimnisvolle Einladungen mit magischen Symbolen (Kleeblätter, Hufeisen, Glücksschweine, Monde) und Schriftarten, um die Kinder zur Magiernacht einzuladen.

- Bittet die Kinder, sich als Zauberer, Hexen, Feen oder andere magische Wesen zu verkleiden. Sie können auch gemeinsam einfache Kostüme basteln, indem sie Umhänge aus alten Tüchern oder Stoffresten herstellen und mit Glitzer, Sternen, Drachen und anderen magischen Accessoires dekorieren.
- Schmückt den Partyraum mit funkelnden Lichtern, Sternen, Glitzer und magischen Requisiten wie Zauberstäben, Kristallkugeln und Hexenhüten. Verwendet auch dunkle Farben wie Blau, Lila und Schwarz, um eine geheimnisvolle Atmosphäre zu schaffen.
- Bereitet magische Leckereien zu, wie zum Beispiel Zaubertrank-Limonade in verschiedenen Farben, Hexen-Käse-Besen (siehe Seite 65f.) oder Kekse in Form von magischen Symbolen wie Sonne, Mond und Sterne.
- Bittet einen Erwachsenen oder ältere Geschwister, einige einfache Zaubertricks vorzuführen, oder zeigt den Kindern, wie sie selbst einfache Tricks durchführen können.
- Lest magische Geschichten vor oder erfindet gemeinsam magische Erzählungen und Märchen.
- Lasst die Kinder magische Gegenstände basteln, wie zum Beispiel Zauberstäbe und Amulette. Sie können auch gemeinsam magische Bilder malen, mit magischen Symbolen gestaltet.
- Organisiert eine Schatzsuche mit magischen Hinweisen und Rätseln, die die Kinder lösen müssen, um einen verborgenen Schatz zu finden. Verwendet magische Requisiten wie Schatzkarten, Zaubertränke oder verzauberte Schlüssel, um die Suche spannender zu gestalten.
- Richtet eine Zauberwerkstatt ein, in der die Kinder magische Tränke mischen, Zauberstäbe schnitzen oder magische Gegenstände (siehe Kapitel über Zauberinstrumente) herstellen können. Lasst sie ihre Kreativität ausleben und ihre eigenen magischen Kreationen erschaffen.

- Beendet die Magiernacht mit Wunderkerzen oder einem kleinen Feuer mit einem Wasserfall kleiner Sternchen, um die magische Energie zu feiern und den Kindern ein unvergessliches Erlebnis zu schenken.

Schokoladenhexenhüte

Als lustige Nascherei während der Party lohnen sich Schokoladenhexenhüte, deren Anblick die Kinder zum Lachen, Staunen und ausgelassenem Feiern bringen.

ZUTATEN FÜR 6 HEXENHÜTE

- 1 Packung Plunderteig oder Blätterteig (400 g)
- 6 EL Nuss-Nougat-Creme
- 1 Ei zum Bestreichen

ZUBEREITUNG

1. Den Backofen auf 180 °C Ober-/Unterhitze vorheizen und den Teig direkt aus dem Kühlschrank verarbeiten.
2. Den Teig mit dem eingerollten Backpapier entrollen und in 6 Dreiecke schneiden.
3. Auf jedes Dreieck jeweils 1 EL Nuss-Nougat-Creme auf die breite Seite streichen und nach oben einrollen. Den Teig an der Schnittstelle zusammenpressen, damit die Creme nicht während des Backvorgangs herausläuft. Die Spitze der Figur etwas nach links oder rechts biegen, sodass eine Hexenhut-Form entsteht. Mit den restlichen Dreiecken genauso verfahren.
4. Das Ei verquirlen und die Dreiecke damit bestreichen. Dann die Dreiecke mit dem Backpapier auf ein Backblech legen.
5. Im Backofen circa 15 Minuten auf mittlerer Schiene goldbraun backen.

TIPP

Hexenhüte können auch mit Marmelade oder einer veganen Schokocreme gefüllt werden. Für eine salzige Variante könnt ihr Wurst, Käse oder verschiedenen Brotaufstriche verwenden.

Zaubertrick – der verschwundene Bleistift

Kinder lieben Zaubertricks, um sich gegenseitig zu begeistern. Schon die Kleinen können einfache Anwendungen lernen, mit denen sie ihre Gleichaltrigen ins Staunen versetzen können.

Materialien

- ein langärmeliges Hemd oder Pullover
- ein Bleistift

Der Trick

1. Zieht das langärmelige Hemd oder den Pullover an. Die Ärmel sollten weit genug sein, um den Bleistift zu verstecken.
2. Zeigt dem Publikum den Bleistift und sagt, dass ihr ihn verschwinden lassen werdet.
3. Haltet den Bleistift in der einen Hand, sodass das Publikum ihn gut sehen kann.
4. Nutzt die andere Hand, um den Ärmel des Hemdes oder Pullovers etwas zu lockern.
5. Steckt den Bleistift schnell in den Ärmel, während ihr die Aufmerksamkeit des Publikums mit einer Handbewegung oder einer Frage ablenkt.
6. Zeigt beide Hände leer und sagt, dass der Bleistift verschwunden ist.

7. Um den Bleistift wieder erscheinen zu lassen, zieht ihn einfach aus dem Ärmel und präsentiert ihn dem Publikum.

Dieser Trick ist einfach genug, dass ein vierjähriges Kind ihn schnell lernen und mit ein wenig Übung gekonnt vorführen kann.

Zauberräucherung

Zum Zaubern braucht man natürlich auch das passende Räucherritual und die entsprechenden Räucherstoffe. Besonders magisch wirkt der Rauch, wenn er aus einer Aladinlampe entweicht: Dazu legt ihr die Räucherkohle-Tablette in das Innere der Lampe, gebt Fichtenharz, Lavendel, Rose und Styrax darauf und verschließt sie mit ihrem Deckel. Schon entweichen aus dem Zaubergegenstand weiße Rauchschwaden und erfüllen den Raum mit einem mystischen Wohlgeruch. Grenzenlos magische Gefühle steigen bei den Kindern auf, als wäre Aladin persönlich anwesend.

Ich kann mich verzaubern!

Nachwort

Mit dem Abschluss dieses Buches endet auch unsere Reise durch die faszinierende Welt der Rauhnächte mit Kindern. In den vergangenen Kapiteln haben wir die Geheimnisse dieser besonderen Zeit erkundet, haben Geschichten von Mut, Magie und Abenteuer erlebt und haben uns mit den Traditionen und Bräuchen auseinandergesetzt, die mit den Rauhnächten verbunden sind. Doch bevor wir uns endgültig von dieser zauberhaften Reise verabschieden, möchte ich einige Gedanken mit euch teilen.

Die Rauhnächte, diese mystischen Tage zwischen Weihnachten und dem Dreikönigstag, sind eine Zeit voller Geheimnisse, Zauber und Symbolik. Schon seit jeher ranken sich unzählige Mythen und Legenden um diese Kalenderphase, die den Übergang vom alten zum neuen Jahr markiert. Seit Tausenden von Jahren werden die Rauhnächte als Zeit des Wandels, der Reinigung und des Neubeginns betrachtet. Es ist eine Zeit, in der die Schleier zwischen dem Diesseits und Jenseits dünner werden und in der manch unerklärliches Phänomen geschehen kann.

Für Kinder bieten die Rauhnächte eine besonders aufregende und inspirierende Zeit. Die Vorstellung, dass in diesen zwölf Nächten Wunder und Magie möglich sind, beflügelt ihre Fantasie und regt ihre Neugier an. Sie sind empfänglich für die Geschichten und Bräuche dieser Zeit und nehmen mit offenen Herzen und strahlenden Augen daran teil.

In diesem Buch habe ich versucht, die Faszination der Rauhnächte für Kinder einzufangen und ihnen die Möglichkeit zu geben, diese Zeit auf ihre ganz eigene Weise zu erleben. Ich habe Geschichten erzählt von tapferen Helden, von mystischen Wesen und von Abenteuern, die Mut und Zusammenhalt erfordern. Ich habe Rituale vorgestellt, die Kinder dabei unterstützen können, die Magie der Rauhnächte zu spüren und sich mit ihrer eigenen inneren Kraft zu verbinden. Und ich habe Wissen vermittelt über die Hintergründe und Bedeutungen dieser alten Tradition, damit Kinder verstehen können, warum die Rauhnächte auch heute noch so bedeutsam sind.

Ich hoffe von Herzen, dass dieses Buch dazu beiträgt, Kindern die Faszination und Schönheit der Rauhnächte näherzubringen, und sie dazu inspiriert, diese Zeit mit offenen Sinnen und einem offenen Herzen zu erleben. Mögen die Geschichten, Rituale und Informationen in diesem Buch dazu beitragen, dass die Rauhnächte zu einer Zeit des Staunens und des Wachstums werden.

Möge die Magie der Rauhnächte euch und eure Familie stets begleiten, möget ihr von Liebe, Glück und Harmonie umgeben sein und mögen eure Träume Wirklichkeit werden.

Eure Caroline Deiß

Dank

Ganz herzlichen Dank an alle, die mir bei der Verwirklichung meines Buchprojekts behilflich waren. Insbesondere danke ich Elena Grunwald vom mvg-Verlag, die mich dazu motivierte, ein Buch über das Erleben der Rauhnächte mit Kindern zu veröffentlichen, und mich mit Geduld und organisatorischem Geschick begleitete. Ebenso danke ich meiner Lektorin Simone Fischer für wertvolle Korrekturen, Ideen und Impulse sowie allen anderen, die an der Verwirklichung dieses Projekts beteiligt waren. Nicht unerwähnt lassen möchte ich alle feinstofflichen Energien, die mir hilfreich zur Seite standen und wertvolle Inspirationen zukommen ließen.

Und zu guter Letzt möchte ich auch euch danken – dass ihr dieses Buch in euren Händen haltet, es lest und in die Welt der Mystik und Magie eintaucht, euch inspirieren lasst und dadurch die Welt mit anderen Augen seht.

Über die Autorin

Geboren und aufgewachsen in einem Dorf in Hessen, kam Caroline Deiß schon früh mit der Natur, dem ländlichen Brauchtum und dem Zauber der Rauhnächte in Berührung. Als passionierte Wildpflanzenkennerin unterrichtet sie in ihrer Wahlheimat am Starnberger See in zahlreichen Führungen, Kochkursen und Seminaren über die Magie der Wildkräuter. Fasziniert von der Kraft des Räucherns und dem Geheimnis der Rauhnächte, gibt sie ihr Wissen darüber in vielen Kursen und Vortragsreihen weiter. Privat beschäftigt sich die Autorin mit der Entdeckung von mystischen Kraftorten, dem Geheimnis des Räucherns orientalischer und keltischer Pflanzen und Wanderungen in den bayerischen Bergen.

Literatur

von Berlepsch, Thimon: *Der Magier in uns. Wie wir mit Neugier und Vorstellungskraft unsere Welt verändern können*, Goldmann Verlag, München, 5. Auflage 2016

Czechorowski, Claudine und Henri: *Spirituelle Einweihungen*, Windpferd Verlagsgesellschaft, Aitrang 1991

Deiß, Caroline: *Das Geheimnis deines Schicksals. Wie du den Plan deines Lebens verstehst und deine Zukunft selbst bestimmst*, mvg Verlag München, 1. Auflage 2021

Deiß, Caroline: *Geheimnisvolle Rauhnächte*. Rituale, Rezepte, Räucheranleitungen für 2021–2023, mvg Verlag, München 2021

Deiß, Caroline: *Krafttiere, Begleiter, Helfer und Beschützer. 55 Orakelkarten mit Anleitung*, mvg Verlag, 2022

Deiß, Caroline: *Die Magie der Wildkräuter. Eine Kräuterwanderung durch das ganze Jahr – Erkennen, Sammeln, Zubereiten*, Christian Verlag, München, 2018

Deiß, Caroline: *Dein mystisches Jahr*. Mit Magie, Ritualen und Bräuchen dem Rhythmus des Jahreskreises folgen, mvg Verlag, München, 1. Auflage 2022

Derungs Kurt, Früh Sigrid: *Der Kult der drei heiligen Frauen, Mythen, Märchen und Orte der Heilkraft*, edition amalia, Grenchen bei Solothurn 2014

Eilenstein, Harry: *Magische Werkzeuge und Gegenstände. Die Götter der Germanen – Band 67*, Verlag: Books on Demand, Norderstedt 2008

Estés, Clarissa Pinkola: *Die Wolfsfrau. Die Kraft der weiblichen Urinstinkte*, Wilhelm Heyne Verlag, München 1993

Fetzner Dr, Angela: *Krafttiere & Schamanismus, Die verlorene Seele wiederfinden*, Amazon, München 2020

Fischer-Rizzi, Susanne: *Das Buch vom Räuchern*, AT Verlag, Aarau, 2. Auflage 2008

Frey, Dieter: *Psychologie der Märchen, 41 Märchen wissenschaftlich analysiert – und was wir heute aus ihnen lernen können*, Springer Verlag, Berlin, 1. Auflage 2017

Golowin, Sergius: *Paracelsus. Mediziner – Heiler – Philosoph*, Schirner Verlag, Darmstadt 2007

Grün, Anselm: *Staunen. Die Wunder im Alltag erkennen*, Verlag Herder, Freiburg im Breisgau 2018

Grün, Anselm: *Spiritualität. Damit mein Leben gelingt*, Vier-Türme-Verlag, Münsterschwarzach 2007

Hagenender, Fred: *Der Geist der Bäume*. Eine ganzheitliche Sicht ihres unerkannten Wesens, Neue Erde Verlag, Saarbrücken, 4. Auflage 2008

Haich, Elisabeth: *Einweihung*, Aquamarin Verlag, Grafing, 2. Auflage 2007

Heitel, Mohani: *Die heilenden Klänge der Mantras*, Südwest Verlag, München 2007

Holitzka Marlies, Holitzka Klaus: *Der kosmische Wissensspeicher*, Schirner Verlag, Darmstadt 2002

Jakoby, Bernhard: *Das Leben danach. Was mit uns geschieht, wenn wir sterben*, Rowohlt Taschenbuch Verlag, Reinbek bei Hamburg, 4. Auflage 2006

Jong de, Theresia Marie: *Seelenplätze. Kraft schöpfen an heilenden Orten*, Allegria Verlag, Berlin 2009

Kaiser, Martina: *Der Jahreskreis. Den Rhythmus der Natur als unsere Kraftquelle nutzen*, Aurum Verlag, 4. Auflage 2010

Klemp, Harold: *Vergangene Leben, Träume und Seelenreisen*, Eckankar, Minneapolis, USA 2003

Krause, Arnulf: *Die Götter und Mythen der Germanen*, marix verlag Wiesbaden, 3. Auflage 2020

Michaels, Mike: *Illusion. Spielzeug der Wahrheit*, Berlin, 2. Aufl. 2014

Michel, Peter: *Heilkraft der Feen & Elfen*, Tosa Verlag,, Wien 2006

Nettesheim, Agrippa von: *Die Magischen Werke*, marix Verlag, München, Wien, 4. Auflage 1921

Pregenzer, Brigitte: *Hildegard von Bingen. Einfach fasten*, Tyrolia Verlag, Innsbruck 2018

Rätsch, Christian: *Die Steine der Schamanen. Kristalle, Fossilien und die Landschaften des Bewusstseins*, Eugen Diederichs Verlag, München 1997

Rätsch, Christian: *Der heilige Hain. Germanische Zauberpflanzen, heilige Bäume und schamanische Rituale*, AT Verlag, Aarau und München, 4. Auflage 2009

Rätsch, Christian: *Der Atem des Drachen, 72 Pflanzenporträts, Ethnobotanik, Rituale und praktische Anwendungen*, AT Verlag Aarau, 4. Auflage 2006

Ronneberg, Ami: *Das Buch der Symbole. Betrachtungen zu archetypischen Bildern*, Taschen GmbH, Köln 2011

Ruland, Jeanne: *Zauber der Naturreiche, Naturwesen – wie sie uns behüten und beschützen*, Schirner Verlag, Darmstadt 2015

Ruland, Jeanne: *Rituelle und Magische Gegenstände, Beschreibungen und Lexikon von A–Z*, Schirner Verlag, Darmstadt 2003

Storl, Wolf-Dieter: *Die Pflanzen der Kelten. Heilkunde – Pflanzenzauber – Baumkalender*, AT Verlag, Aarau 2010

Storl, Wolf-Dieter: *Naturrituale. Mit schamanischen Ritualen zu den eigenen Wurzeln finden*, AT Verlag, Aarau, 4. Auflage 2008

Storl, Wolf-Dieter: *Erkenne dich selbst in der Natur*, Knaur-Verlag, München 2021

Tepperwein, Kurt: *Schicksal & Bestimmung*, Verlag »Die Silberschnur«, Boppard 2008

Tolle, Eckhart: *Stille Spricht. Wahres Sein berühren*, Arkana Verlag München, 7. Auflage 2003

Tolle, Eckhart: *Jetzt! Die Kraft der Gegenwart. Ein Leitfaden zum spirituellen Erwachen*, J. Kamphausen Verlag, Bielefeld, 19. Auflage 2008

Warnke, Ulrich: *Die Öffnung des 3. Auges. Quantenphilosophie unseres Jenseits-Moduls*, Goldmann Verlag, München, 3. Auflage 2019

Zerling, Clemens: *Lexikon der Tiersymbolik. Mythologie – Religion – Psychologie*, Drachen Verlag, Klein Jasedow 2012

Bildnachweis

AdobeStock: Kate K., piixypeach, simpleblues, Iryna, topvectors, Malgo, Rica Nohara, Been ink, Cienpies Design, nastyasklyarova, Saramix, JUNE, Tatyana Sidyukova, Aikaterini, Susann Schröter, Maria, Muhamad, alexrockheart, Troy, Maria, Мария Василенко, Yanka, aksol, setory, Side, Olena, MicroOne, kazy, Troy, Alexrockheart,